Smoothies zum Abnehmen –

150 Smoothie Rezepte zum schnellen Abnehmen, Entgiften & Entschlacken

BONUS:

14 Tage Diät mit Smoothies u. leckeren Menüvorschlägen

Team Vital

Inhalt

Smoothies zum Abnehmen: 150 Smoothie Rezepte zum schnellen Abnehmen, Entgiften & Entschlacken

Smoothies sind in aller Munde und in der Innenstadt und in den Malls schießen Stände und kleine Bars aus der Erde, welche diese gesunden und bunten Drinks anbieten. Doch was genau ist nun ein Smoothie? Dabei handelt es sich um ein Mixgetränk, natürlich alkoholfrei. Die Bestandteile des Smoothies sind Obst, Gemüse, Eiweiß in Form von Milchprodukten oder Milchersatzprodukten und Flüssigkeiten wie Tee oder Saft. In einem Smoothie wird die ganze Frucht verarbeitet. Das heißt, sämtliche Vitamine, Mineralstoffe, Spurenelemente und Ballaststoffe bleiben erhalten. Zudem wird meist das rohe Produkt verwendet. Smoothies sind dazu gedacht, sofort getrunken zu werden. Auch dies ist ausschlaggebend dafür, dass eine hohe Menge an Vitaminen erhalten bleibt. Wer seinen Smoothie mit zur Arbeit nimmt, der sollte sich dafür eine Trinkflasche besorgen, die den Smoothie vor Lichteinwirkung schützt.

Warum ist der Smoothie so gesund?

Da der Smoothie zum größten Teil aus Obst und Gemüse besteht, ist der gesundheitliche Aspekt eindeutig geklärt. Smoothies werden zudem ohne künstliche Zusatzstoffe zubereitet und täglich frisch getrunken. Smoothies eignen sich hervorragend zum Abnehmen, Entschlacken und Entgiften. Sie sind sättigend und wunderbar können ein bis zwei Mahlzeiten pro Tag durch einen leckeren Smoothie ersetzt werden. In unseren Smoothie Rezepten verzichten wir zudem auf Zucker. Gesüßt werden kann der gesunde Drink nach Belieben mit Süßstoff, Xylit oder Stevia. Auch Honig ist in geringen Dosen erlaubt.

Was ist mit dem Fruchtzucker?

In sämtlichen Low Carb Diäten wird ständig darauf hingewiesen, dass auch auf Fruchtzucker verzichtet werden soll. Warum funktioniert das Abnehmen mit Smoothies dennoch? Hier kommt es eindeutig auf die Menge an. Unsere Rezepte haben eine ausgewogene Balance an Obst und anderen wichtigen Zutaten. Auch ist der Fruchtzucker im Obst nicht der einzige Inhaltsstoff und der gesunde Aspekt kommt durch die Kombination mit Vitaminen, Mineralstoffen und Spurenelementen zum Tragen. Wer zum Beispiel Heißhunger auf Süßes hat, der ist mit einem fruchtig süßen Smoothie garantiert besser beraten, als mit einem Schokoriegel. Zudem ist es wichtig, lieber selbstgemachte Smoothies jenen aus dem Handel vorzuziehen. Nur so hat jeder die Gewissheit, dass auch wirklich kein Zucker, keine Geschmacksverstärker oder Konservierungsmittel zugesetzt wurden. Unsere Smoothies sind quasi Natur pur und garantiert gut für die Gesundheit, das Wohlbefinden und die schlanke Linie.

Worauf muss beim Smoothie Mixen geachtet werden?

Das Wichtigste sind natürlich frische Zutaten. Wer außerhalb der Saison auf TK Produkte zurückgreifen muss, der sollte darauf achten, dass es sich ausschließlich um Früchte ohne Zuckerzusatz handelt.

Auch die Wahl eines ordentlichen Mixers ist ausschlaggebend für die Qualität des Smoothies. Nur mit einem hochwertigen Mixer können richtig cremige Drinks erzeugt werden. Smoothie Maker sind auch eine gute Wahl. Hier können meist jedoch immer nur einzelne Portionen zubereitet werden. Wer einen guten Mixer besitzt, der wird schnell feststellen, dass das Mixen unheimlich schnell geht. Ein Smoothie ist im Handumdrehen gezaubert. Der Zeitaufwand ist in etwa derselbe, als zur Speisekammer zu gehen und einen ungesunden Schokoriegel zu holen.

Wer die Möglichkeit hat, sollte immer Bio Ware verwenden. Auch ist es wichtig, dass das Obst und Gemüse vor der Verwendung gut gewaschen wird. Schälen ist nicht zwingend notwendig. Äpfel und Birnen müssen jedoch immer vom Kerngehäuse befreit werden.

Manche Früchte müssen vor dem Gebrauch kurz blanchiert werden. Wir haben in unseren Rezepten jedoch darauf geachtet, dass sich alle Smoothies rasch und unkompliziert zaubern lassen.

Wer es gerne eisgekühlt mag, der kann, besonders an heißen Sommertagen, dem Smoothie immer einige Eiswürfel beifügen. Hierfür ist es zwingen notwendig, dass der Mixer stark ist und über gute, scharfe Klingen verfügt.

Hinweis zu unseren Rezepten

Viele werden sich fragen, warum ein Smoothie Rezeptbuch ohne bunte Fotos angeboten wird. Dies ist ganz einfach erklärt. Fotos sind ein hoher Kostenpunkt, den der Endkunde zu tragen hätte. Ein Rezeptbuch mit Hochglanzfotos würde einen Preis von mehr als 20 Euro haben. Wir möchten unseren Lesern jedoch einfache und schmackhafte Rezepte bieten, die schnell zu Hause zubereitet werden können.

In vielen Smoothie Ratgebern handelt es sich ohnehin stets um Beispielbilder. Mit Foodstylisten, die zusätzlich Geld kosten, kann jeder Drink wunderbar dargestellt werden. Generell sieht ein Smoothie zu Hause immer anders aus, als auf bunten Hochglanzbildern versprochen. Diese Enttäuschung möchten wir unseren Lesern ersparen und punkten mit innovativen und besonders leckeren Ideen. Zudem ist es bedeutend umweltschonender, auf den Druck von Bildern zu verzichten. Ein Punkt, der in der heutigen Zeit immer mehr an Wichtigkeit gewinnt.

Smoothies zum Abnehmen

Nun möchten wir euch aber nicht mehr auf die Folter spannen und starten sofort mit unseren Rezepten mit dem Prädikat "Yummie". Unser Rezeptbuch ist in Smoothies aus Beeren mit wenig Fruchtzucker, Smoothies auf Teebasis, Smoothies aus Solo Früchten, Smoothies aus Gemüse, gemischte Smoothies und besonders verführerische Dessert Smoothies eingeteilt. Im Anschluss findet ihr noch ein kleines Programm für eine 14-tägige Diät. So seht ihr sofort, wie ihr die traumhaften Smoothies praktisch in euren Diätplan einbauen könnt. Wir erklären euch auch stets kurz, wofür sich der jeweilige Smoothie besonders gut eignet und warum er so gesund ist.

Nun wünschen wir euch gutes Gelingen und viel Spaß beim Mixen, Abnehmen, Entschlacken und Entgiften.

Beeren Smoothies

Beeren Smoothies eignen sich besonders gut während einer Low Carb Diät. Sie haben einen geringen Fruchtzucker-Gehalt, sind reich an Vitaminen und Mineralstoffen und schmecken einfach himmlisch. Ein kleiner Tipp: Vielleicht habt ihr ja die Möglichkeit, während der Sommermonate einige herrliche Beeren einzufrieren, damit ihr auch im Herbst und Winter mit süßen Beeren versorgt seid.

Erdbeer Smoothie

Kalorien: 214,4 kcal

Zutaten für eine Person:

80 Gramm Erdbeeren | 1 EL Haferkleie | 150 Gramm Joghurt | 1 kleine Prise Himalaya Salz | Süßstoff, Xylit oder Stevia nach Bedarf

Zubereitung:

Alle Zutaten in den Mixer oder Smoothie Maker geben und zu einem cremigen Drink mixen, in ein Glas füllen und wenn möglich sofort trinken.

Erdbeeren sind reich an Vitamin C und besitzen wertvolle Pflanzenstoffe. Erdbeeren sind gut für die Haut und haben eine leicht entwässernde Wirkung. Sie haben wenig Kalorien. Achtet darauf, immer schön dunkelrote Beeren zu verwenden. Je roter die Erdbeere ist, um so gesünder ist sie auch.

Himbeer - Limetten Smoothie

Kalorien: 94,9 kcal

Zutaten für eine Person:

70 Gramm Himbeeren | 150 ml Buttermilch | 1 EL Weizenkleie | Saft einer halben Bio Limette | 1 Hauch Pfeffer frisch gemahlen | Süßstoff nach Bedarf

Zubereitung:

Alle Zutaten in den Mixer oder Smoothie Maker geben und zu einem cremigen Drink mixen. In ein Glas geben und wenn möglich sofort trinken.

Himbeeren enthalten Eisen und Vitamin C. Sie gelten als Power-Beeren und wirken blutreinigend, beruhigend und entzündungshemmend. Himbeeren sind gut für ein funktionierendes starkes Immunsystem und wirken sich positiv gegen Bluthochdruck aus.

Brombeer Smoothie mit Ingwer

Kalorien: 118,6 kcal

Zutaten für eine Person:

60 Gramm Brombeeren | 1/2 TL Ingwer frisch gerieben | 150 Gramm

Skyr | Süßstoff nach Bedarf

Zubereitung:

Alle Zutaten in den Mixer oder Smoothie Maker geben und zu einem cremigen Drink mixen. In ein Glas füllen und wenn möglich sofort trinken.

Brombeeren sind reich an Vitamin A, Vitamin C und Vitamin E. Sie haben wenig Kalorien und sind für ihre zellschützenden Wirkstoffe bekannt. Kombiniert mit Ingwer ist dieser Smoothie herrlich entgiftend und ist ein wahrer Anti Aging Drink.

Heidelbeer Smoothie

Kalorien: 136,2 kcal

Zutaten für eine Person:

60 Gramm Heidelbeeren | 1 Spritzer Limettensaft | 100 Gramm Frischkäse körnig (Cottage Cheese) | 50 ml Sojamilch | Süßstoff nach Bedarf

Zubereitung:

Alle Zutaten in den Mixer oder Smoothie Maker geben und zu einem cremigen Drink mixen. In ein Glas füllen und wenn möglich sofort trinken.

Heidelbeeren wirken entzündungshemmend und antibakteriell. Sie schenken eine schöne Haut und wirken entgiftend. Frische Blaubeeren in großen Mengen genossen, können eine leicht abführende Wirkung haben. Sie sind somit ein natürlicher Darmreiniger und perfekt für einen Detox Tag.

Stachelbeer Smoothie

Kalorien: 234,6 kcal

Smoothies zum Abnehmen

Zutaten für eine Person:

80 Gramm Stachelbeeren | 150 Gramm Kefir | 1 TL Haferkleie | 1 Prise Zitronen-Salz | Süßstoff nach Bedarf

Zubereitung:

Alle Zutaten in den Mixer oder Smoothie Maker geben und zu einem cremigen Drink mixen. In ein Glas füllen und wenn möglich sofort trinken.

Stachelbeeren sind harntreibend, blutreinigend und entzündungshemmend. Diese Beeren besitzen viele wichtige Mineralstoffe und die Vitamine A, B und C.

Johannisbeer Smoothie mit Thymian

Kalorien: 176 kcal

Zutaten für eine Person:

70 Gramm Johannisbeeren nach Wahl | 80 Gramm Joghurt | 70 Gramm Quark | 1 Zweig Thymian gerebelt | Süßstoff nach Bedarf

Zubereitung:

Alle Zutaten in den Mixer oder Smoothie Maker geben und zu einem cremigen Drink mixen. In ein Glas füllen und wenn möglich sofort trinken.

Egal ob du rote, weiße oder schwarze Johannisbeeren verwendest, diese Früchte sind reich an Vitaminen und Mineralstoffen. Johannisbeeren gelten als Fänger für freie Radikale.

Cranberry Smoothie mit Basilikum

Kalorien: 236,6 kcal

Zutaten für eine Person:

50 Gramm Cranberries | 8 Blatt Basilikum | 50 ml Magermilch | 100 Gramm Frischkäse | Süßstoff nach Bedarf

Zubereitung:

Alle Zutaten in den Mixer oder Smoothie Maker geben und zu einem cremigen Drink mixen. In ein Glas füllen und wenn möglich sofort trinken.

Cranberries sind entzündungshemmend und wirken sich positiv auf die Blase und die Harnleiter aus. Diese Beeren sind entgiftend und reich an Vitaminen und Antioxidantien.

Goji Beeren Smoothie

Kalorien: 203,5 kcal

Zutaten für eine Person:

50 Gramm Goji Beeren | 50 Gramm griechischer Joghurt | 100 ml Mandelmilch | 1 Spritzer Zitronensaft

Zubereitung:

Alle Zutaten in den Mixer oder Smoothie Maker geben und zu einem cremigen Drink mixen. In ein Glas füllen und wenn möglich sofort trinken.

Goji Beeren gelten als Wunderfrüchte mit besonders wertvollen sekundären Pflanzenstoffen. Sie sind reich an Vitamin A, B, C und E und versorgen den Körper mit Eisen und 21 Spurenelementen. Sie eignen sich herrlich zum Entgiften und sorgen für eine gesunde Darmflora.

Smoothies zum Abnehmen

Holunder-Beeren Smoothie

Kalorien: 118,1 kcal

Zutaten für eine Person:

60 Gramm Holunderbeeren schwarz | 1 TL Goldleinsamen | 150 Gramm Joghurt | Süßstoff nach Bedarf

Zubereitung:

Alle Zutaten in den Mixer oder Smoothie Maker geben und zu einem cremigen Drink mixen. In ein Glas füllen und wenn möglich sofort trinken.

Holunder ist harntreibend und entwässernd. Dieser Smoothie ist perfekt für einen Detox Tag. Holunder enthält die Vitamine B und C und ist reich an ätherischen Ölen.

Sanddorn Smoothie

Kalorien: 156,1 kcal

Zutaten für eine Person:

80 Gramm Sanddornbeeren | 150 ml Walnuss Milch | 1 TL Küchenmohn | 1 Prise Himalaya Salz | Süßstoff nach Bedarf

Zubereitung:

Alle Zutaten in den Mixer oder Smoothie Maker geben und zu einem cremigen Drink mixen. In ein Glas füllen und wenn möglich sofort trinken.

Sanddorn enthält Beta Karotin und Vitamin B12. Diese Beeren sind reich an Kalium, Eisen, Zink und Magnesium. Sanddorn wirkt sich positiv auf das Immunsystem aus und gilt als Leber reinigend. Sanddorn ist relativ sauer, daher eignet sich dieser Smoothie optimal als Shooter zum Frühstück.

Preiselbeer Smoothie

Kalorien: 150,2 kcal

Zutaten für eine Person:

70 Gramm Preiselbeeren | 150 ml Buttermilch | 1 EL Pinienkerne geröstet | Süßstoff nach Bedarf

Zubereitung:

Alle Zutaten in den Mixer oder Smoothie Maker geben und zu einem cremigen Drink mixen. In ein Glas füllen und wenn möglich sofort trinken.

Preiselbeeren sind entgiftend und Harn desinfizierend. Die aromatischen Beeren sind reich an Vitamin A und B und stärken das Immunsystem.

Smoothies auf Teebasis

Smoothies auf Teebasis wirken mit den Inhaltsstoffen der jeweiligen Teesorten und Kräutern. Diese Smoothies sind besonders leicht und bekömmlich. Zudem sind Smoothies auf Teebasis eher kalorienarm.

Masala Tee Smoothie

Kalorien: 66,7 kcal

Zutaten für eine Person:

100 ml Schwarztee heiß oder kalt | 50 ml Sojamilch | 1 Prise Nelkenpulver | 1 Prise Zimt | 1 Prise Kardamom gemahlen | 1 Prise Himalaya Salz | 1 EL Chia Samen | Süßstoff nach Bedarf

Zubereitung:

Alle Zutaten in den Mixer oder Smoothie Maker geben und zu einem cremigen Drink mixen. In ein Glas füllen und wenn möglich sofort trinken. Dieser Smoothie kann heiß oder kalt getrunken werden.

Dieser Smoothie wirkt mit seinen Gewürzen sehr anregend und schenkt Energie. Zusätzlich sorgt die Kombination aus indischen Gewürzen dafür, dass Heißhunger sehr schnell verschwindet. Auch die Chia Samen sorgen für ein gutes Sättigungsgefühl, da die Chia Samen im Darmtrakt aufquellen.

Zitronengras Smoothie

Kalorien: 151,9 kcal

Zutaten für eine Portion:

100 ml Zitronengras Tee kalt | 50 Gramm Quark | 2 EL Kokosraspeln | Süßstoff nach Bedarf

Zubereitung:

Alle Zutaten in den Mixer oder Smoothie Maker geben und zu einem cremigen Drink mixen. In ein Glas füllen und wenn möglich sofort trinken.

Zitronegras schmeckt besonders aromatisch, hat eine entwässernde und entgiftende Wirkung und ist besonders erfrischend. Dieser Smoothie ist besonders toll, wenn Du Dich etwas schlapp fühlst.

Rooibus Tee Smoothie

Kalorien: 25,6 kcal

Zutaten für eine Person:

Smoothies zum Abnehmen

100 ml Rooibus Tee kalt | 1 Prise Zimt | 3 EL Frischkäse | Süßstoff nach Bedarf

Zubereitung:

Alle Zutaten in den Mixer oder Smoothie Maker geben und zu einem cremigen Drink mixen. In ein Glas füllen und wenn möglich sofort trinken.

Der Rooibus Tee ist entgiftend und stärkt das Immunsystem. Dieser Smoothie hat eine beruhigende Wirkung und ist besonders gut als Ersatz für ein spätes Abendessen geeignet. Auch kannst du diesen schlanken Smoothie bei Heißhunger immer gerne Zwischendurch genießen, da er wirklich wenige Kalorien hat und dennoch satt macht.

Ingwertee Smoothie

Kalorien: 27 kcal

Zutaten für eine Person:

150 ml Ingwertee kalt | 80 Gramm Johannisbeeren rot | 2 Nadeln Rosmarin | Süßstoff nach Bedarf

Zubereitung:

Alle Zutaten in den Mixer oder Smoothie Maker geben und zu einem cremigen Drink mixen. In ein Glas füllen und wenn möglich sofort trinken.

Durch seine natürliche Schärfe regt der Ingwer den Stoffwechsel optimal an. Ingwer ist entzündungshemmend, vermindert das Appetit-Gefühl und ist blutreinigend.

Schwarztee Smoothie

Kalorien: 70,5 kcal

Smoothies zum Abnehmen

Zutaten für eine Person:

100 ml Schwarztee kalt | 1 EL Haferflocken | 20 ml Sahne mit 10% Fett | Süßstoff nach Bedarf

Zubereitung:

Alle Zutaten in den Mixer oder Smoothie Maker geben und zu einem cremigen Drink mixen. In ein Glas füllen und wenn möglich sofort trinken.

Dieser Smoothie ist ein toller Drink zum Frühstück. Schwarztee enthält Koffein in Form von Tein und ist anregend und macht fit. Er wirkt sich positiv auf die Darmflora aus.

Smoothie mit Grüntee

Kalorien: 28,2 kcal

Zutaten für eine Person:

150 ml grüner Tee kalt | 1 Orange filetiert | 1 Prise Nelkenpulver | Süßstoff nach Bedarf

Zubereitung:

Alle Zutaten in den Mixer oder Smoothie Maker geben und zu einem cremigen Drink mixen. In ein Glas füllen und wenn möglich sofort trinken.

Der Grüntee wirkt dank seiner leichten Bitterstoffe Appetit hemmend. Dieser Tee enthält ätherische Öle, die den Organismus stärken, den Stoffwechsel puschen und wunderbar entgiftend sind.

Smoothie aus Senna Blätter Tee mit Mango

Kalorien: 49,5 kcal

Smoothies zum Abnehmen

Zutaten:

100 ml Senna Tee | 50 Gramm Skyr | 30 Gramm Mango | 1 Spritzer Zitronensaft | Süßstoff nach Bedarf

Zubereitung:

Alle Zutaten in den Mixer oder Smoothie Maker geben und zu einem cremigen Drink mixen. In ein Glas füllen und wenn möglich sofort trinken.

Senna Tee hat eine abführende Wirkung und ist daher perfekt zum Entschlacken und Entgiften. In vielen Diätprodukten, die einen raschen Gewichtsverlust versprechen, sind Extrakte der Sennablätter enthalten.

Brennnessel Smoothie

Kalorien: 51,5 kcal

Zutaten für eine Person:

100 ml Brennnessel Tee kalt | 4 Blätter Brennnessel | 50 Gramm Quark | etwas Abrieb einer Bio Orange | Süßstoff nach Bedarf

Zubereitung:

Alle Zutaten in den Mixer oder Smoothie Maker geben und zu einem cremigen Drink mixen. In ein Glas füllen und wenn möglich sofort trinken.

Brennnesseln sind entwässernd und entgiftend. Sie sind zudem reich an Kalium, Kalzium und Kieselsäure.

Malven-Tee Smoothie

Kalorien: 22 kcal

Smoothies zum Abnehmen

Zutaten für eine Person:

150 ml Malven-Tee kalt | 60 Gramm Papaya | 3 Papaya Samen | 1 Prise Himalaya Salz | Süßstoff nach Bedarf

Zubereitung:

Alle Zutaten in den Mixer oder Smoothie Maker geben und zu einem cremigen Drink mixen. In ein Glas füllen und wenn möglich sofort trinken.

Malventee wirkt Blutdruck senkend und wird gerne gegen Entzündungen verwendet. Die Wirkstoffe des Malventees sorgen auch für eine gute Darmflora. Dieser Smoothie ist ideal an Entgiftungs-Tagen.

Smoothie mit Melissen-Tee

Kalorien: 84,4 kcal

Zutaten für eine Person:

100 ml Melissen-Tee kalt | 10 Blatt Zitronenmelisse | 50 Gramm Joghurt | 1 EL Walnüsse gehackt und geröstet

Zubereitung:

Alle Zutaten in den Mixer oder Smoothie Maker geben und zu einem cremigen Drink mixen. In ein Glas füllen und wenn möglich sofort trinken.

Melisse wirkt sich besonders beruhigend auf Magen und Darm aus. Gleichzeitig ist Melisse belebend und erfrischend. Dieser Smoothie kann sowohl als Frühstück oder auch anstatt des Abendessens getrunken werden.

Smoothie mit Ginseng Tee

Smoothies zum Abnehmen

Kalorien: 62,6 kcal

Zutaten für eine Person:

150 ml Ginseng Tee kalt | 2 EL Weizenkleie | Vanille Aroma | Süßstoff nach Bedarf

Zubereitung:

Alle Zutaten in den Mixer oder Smoothie Maker geben und zu einem cremigen Drink mixen. In ein Glas füllen und wenn möglich sofort trinken.

Ginseng ist in Asien eine beliebte Wurzel zur Gewichtsreduktion. Zudem stärkt der Tee aus Ginseng das Immunsystem und hat eine große Bedeutung in der chinesischen Medizin. Ginseng reguliert den Blutdruck und optimiert den Stoffwechsel.

Matcha Tee Smoothie

Kalorien: 67 kcal

Zutaten für eine Person:

100 ml fettarme Milch 0,3 % Fett | 50 Gramm Frischkäse | 1 Spritzer Limettensaft | 1 TL Matcha Pulver | Süßstoff nach Bedarf

Zubereitung:

Alle Zutaten in den Mixer oder Smoothie Maker geben und zu einem cremigen Drink mixen. In ein Glas füllen und wenn möglich sofort trinken.

Matcha Tee ist beruhigend und regt den Stoffwechsel an. Dieser Tee reguliert den Blutdruck und ist Appetit hemmend. Dieser besondere Tee aus Japan beinhaltet Antioxidantien und gilt in Asien als wahrer Jungbrunnen.

Smoothies zum Abnehmen

Smoothie mit weißem Tee

Kalorien: 19,2 kcal

Zutaten für eine Portion:

150 ml weißer Tee kalt | 60 Gramm Erdbeeren | 3 grüne Pfefferkörner | Süßstoff nach Bedarf

Zubereitung:

Alle Zutaten in den Mixer oder Smoothie Maker geben und zu einem cremigen Drink mixen. In ein Glas füllen und wenn möglich sofort trinken.

Weißer Tee ist besonders magenschonend und enthält Vitamine, Fluorid, Kalium, Zink, Eisen, Kalzium und Natrium. Weißer Tee wirkt sich positiv auf das Collagen und Elastin im Bindegewebe aus. Die Haut wirkt frischer und straffer.

Smoothie mit Lapacho Tee und Zimt

Kalorien: 180,7 kcal

Zutaten für eine Person:

150 ml Lapacho Tee kalt | 1 Messerspitze Zimt | 30 Gramm Cashew Nüsse | Saft einer halben Bio Orange | Süßstoff nach Bedarf

Zubereitung:

Alle Zutaten in den Mixer oder Smoothie Maker geben und zu einem cremigen Drink mixen. In ein Glas füllen und wenn möglich sofort trinken.

Lapacho Tee wirkt Blut reinigend und entgiftend. Dieser magische Tee enthält Barium, Bor, Kalzium, Eisen, Jod, Kalium und Strontium. Dieser Smoothie ist hervorragend bei Verdauungsstörungen. Lapacho

Tee gilt auch als Wunderwaffe gegen Diabetes und senkt den Blutzuckerspiegel. Dieser Smoothie ist ein toller Frühstücks Smoothie.

Smoothie aus Rosenblätter Tee

Kalorien: 19 kcal

Zutaten für eine Person:

150 ml Rosenblätter Tee kalt | 50 Gramm Guave | 1 Prise Lavendel Salz | Süßstoff nach Bedarf

Zubereitung:

Alle Zutaten in den Mixer oder Smoothie Maker geben und zu einem cremigen Drink mixen. In ein Glas füllen und wenn möglich sofort trinken.

Dieser Tee wirkt entzündungshemmend. Da dieser Smoothie absolut aromatisch ist, eignet er sich hervorragend als kleine Leckerei zwischendurch.

Fencheltee Smoothie

Kalorien: 30 kcal

Zutaten für eine Person:

150 ml Fencheltee kalt | 2 kleine Mandarinen kernlos | 1 Prise Nelkenpulver | Süßstoff nach Bedarf

Zubereitung:

Alle Zutaten in den Mixer oder Smoothie Maker geben und zu einem cremigen Drink mixen. In ein Glas füllen und wenn möglich sofort trinken.

Fencheltee ist besonders bekömmlich und wirkt entgiftend und entschlackend. Dieser Smoothie sorgt für eine gesunde Darmflora.

Smoothie mit Anistee

Kalorien: 185,9 kcal

Zutaten für eine Person:

150 ml Anis Tee kalt | 3 EL Pistazien leicht geröstet | 1 EL Frischkäse

Zubereitung:

Alle Zutaten in den Mixer oder Smoothie Maker geben und zu einem cremigen Drink mixen. In ein Glas füllen und wenn möglich sofort trinken.

Anis ist beruhigend, antibakteriell und krampflösend. Dieser Smoothie ist gut geeignet, wenn du dich aufgebläht fühlst.

Smoothies aus Solo Früchten

Diese Smoothies bestechen mit ihrer besonders cremigen Konsistenz und der herrlich fruchtigen Süße. Mit diesen Smoothies kannst du jegliche Mahlzeit des Tages ersetzen. Diese leckeren Mixgetränke machen satt und versorgen deinen Körper mit wichtigen Vitaminen und Mineralstoffen. Zudem sorgen sie dank ihrer Süße dafür, dass du unter keinen Heißhungerattacken leiden musst.

Ananas Smoothie

Kalorien: 238,8 kcal

Zutaten für eine Person:

60 Gramm Ananas frisch | Saft einer halben Bio Limette | 100 ml Buttermilch | 50 ml Kokosmilch | Süßstoff nach Bedarf

Zubereitung:

Alle Zutaten in den Mixer oder Smoothie Maker geben und zu einem cremigen Drink mixen. In ein Glas füllen und wenn möglich sofort trinken.

Die Ananas ist eine Vitaminbombe, die zusätzlich viele Mineralstoffe liefert. Die in der Ananas enthaltenen Enzyme unterstützen dich bei deiner Diät und bringen Fettpölsterchen zum Schmelzen. Auch sind Ananas ideal, wenn der Körper übersäuert ist und sorgen für Ausgleich.

Mango Smoothie

Kalorien: 36 kcal

Zutaten für eine Person:

60 Gramm Mango frisch | 1/2 Chili rot | 1 Prise Himalaya Salz | 150 ml Kamillen Tee kalt | Süßstoff nach Bedarf

Zubereitung:

Alle Zutaten in den Mixer oder Smoothie Maker geben und zu einem cremigen Drink mixen. In ein Glas füllen und wenn möglich sofort trinken.

Mineralstoffe, Vitamine und sekundäre Pflanzenstoffe sind gut für den Körper, vor allem aber besticht die Mango mit ihrer Cremigkeit. Mangos reduzieren den Blutzucker, obwohl sie Fruchtzucker enthalten und süß schmecken. Sie sind somit ideale Früchte während einer Diät.

Kiwi Smoothie

Kalorien: 49,8 kcal

Zutaten für eine Person:

2 Kiwis | 1/2 TL Apfelessig | 150 ml Erdbeer Tee | Süßstoff nach Bedarf

Zubereitung:

Die Kiwis schälen. Danach alle Zutaten in den Mixer oder Smoothie Maker geben und zu einem cremigen Drink mixen. In ein Glas füllen und wenn möglich sofort trinken.

Die Kiwi besteht zu 80% aus Wasser und ist somit eine tolle Diät-Frucht. Sie enthält viel Vitamin C und reichlich Antioxidantien. Mit diesem Smoothie stärkst du dein Immunsystem, senkst den Blutdruck und kannst damit sogar Allergien vorbeugen. Der Apfelessig regt zusätzlich die Verdauung an - dieser Smoothie ist ein toller Frühstücks Drink.

Papaya Smoothie

Kalorien: 177,4 kcal

Zutaten für eine Person:

60 Gramm Papaya | Saft einer halben Bio Limette | 3 Papaya Kerne | 150 ml Büffel-Milch | Süßstoff nach Bedarf

Zubereitung:

Alle Zutaten in den Mixer oder Smoothie Maker geben und zu einem cremigen Drink mixen. In ein Glas füllen und wenn möglich sofort trinken.

Die Enzyme in der Papaya sind bekannt, dass sie den Stoffwechsel ankurbeln und Pfunde zum Schmelzen bringen. Papayas sind zudem gut für den Darm, senken den Cholesterinspiegel und wirken sich positiv auf die Herzgesundheit aus. Außerdem schmeckt diese exotische Frucht einfach herrlich.

Maracuja Smoothie

Kalorien: 147 kcal

Zutaten für eine Person:

60 Gramm Maracuja Fruchtfleisch | 150 Gramm Kefir mit 3,5% Fett | 1 Prise Himalaya Salz | Süßstoff nach Bedarf

Zubereitung:

Alle Zutaten in den Mixer oder Smoothie Maker geben und zu einem cremigen Drink mixen. In ein Glas füllen und wenn möglich sofort trinken.

Maracujas bestechen mit ihrer Balance zwischen Süße und Säure. Maracujas enthalten viele B-Vitamine und Vitamin C, sowie Niacin, Riboflavin und Mineralstoffe wie Eisen, Magnesium und Kalzium. Maracujas wirken beruhigend - dieser Smoothie ist ein Drink, den du besonders abends genießen kannst.

Kaki Smoothie

Kalorien: 42,6 kcal

Zutaten für eine Person:

60 Gramm Kaki | 1 Prise Anispulver | 150 ml Pfefferminz Tee | Süßstoff nach Bedarf

Zubereitung:

Alle Zutaten in den Mixer oder Smoothie Maker geben und zu einem cremigen Drink mixen. In ein Glas füllen und wenn möglich sofort trinken.

Kakis sind vitaminreich und süß. Dennoch haben diese Früchte wenig Kalorien. Dieser Smoothie eignet sich gut, wenn du Appetit auf Süßes bekommst.

Gac Frucht Smoothie

Kalorien: 65,1 kcal

Zutaten für eine Person:

60 Gramm Gac Frucht Fruchtfleisch | 1 Prise Muskat gemahlen | 1 Prise Pfeffer weiß | 150 ml Tomatensaft ohne Zuckerzusatz

Zubereitung:

Alle Zutaten in den Mixer oder Smoothie Maker geben und zu einem cremigen Drink mixen. In ein Glas füllen und wenn möglich sofort trinken.

Die Gac Frucht kommt vor allem in Asien vor und hat einen hohen Anteil an Beta Karotin. Sie schmeckt wie eine Mischung aus Tomate, Möhre und Orange und enthält 70 Mal mehr Lycopin als Tomaten.

Granatapfel Smoothie

Kalorien: 107,6 kcal

Zutaten für eine Person:

50 Gramm Granatapfel Kerne | Saft einer halben Bio Zitrone | 100 ml Buttermilch | 50 Gramm Joghurt | Süßstoff nach Bedarf

Zubereitung:

Alle Zutaten in den Mixer oder Smoothie Maker geben und zu einem cremigen Drink mixen. In ein Glas füllen und wenn möglich sofort trinken.

Der Granatapfel gilt als Speise der Götter und versorgt den Körper mit wertvollen Vitaminen und Mineralstoffen. Granatäpfel sind leicht entwässernd und wirken sich positiv auf deinen Kreislauf aus. Dieser Smoothie ist toll, wenn du ihn nach dem Sport trinkst.

Smoothies zum Abnehmen

Sternfrucht oder Karambolen Smoothie

Kalorien: 124,3 kcal

Zutaten für eine Person:

1 Sternfrucht | 1 EL Pekan Nüsse geröstet | 150 ml Mandelmilch | Süßstoff nach Bedarf

Zubereitung:

Alle Zutaten in den Mixer oder Smoothie Maker geben und zu einem cremigen Drink mixen. In ein Glas füllen und wenn möglich sofort trinken.

Die Sternfrucht hat einen hohen Wassergehalt und besticht mit einem sehr feinen, leicht säuerlichen Aroma. Sie enthält Eisen, Magnesium und Vitamin C.

Kumquats Smoothie

Kalorien: 100,8 kcal

Zutaten für eine Person:

4 Kumquats | 100 ml weißer Tee | 50 Gramm Quark | 1/2 TL Honig | 1 Prise Kardamom gemahlen

Zubereitung:

Alle Zutaten in den Mixer oder Smoothie Maker geben und zu einem cremigen Drink mixen. In ein Glas füllen und wenn möglich sofort trinken.

Die vitaminreichen Kumquats enthalten auch viele Mineralstoffe wie Eisen, Magnesium, Phosphor und Kalzium. Diese Früchte sind entwässernd und gut für die Verdauung. gerade während einer Diät ist es wichtig, dass du deinen Körper mit ausreichend Vitaminen versorgst.

Grapefruit Smoothie

Kalorien: 149,5 kcal

Zutaten für eine Person:

1/2 Grapefruit filetiert | 1/2 Zweig Thymian | 50 Gramm Ziegenfrischkäse | 100 ml Sojamilch

Zubereitung:

Alle Zutaten in den Mixer oder Smoothie Maker geben und zu einem cremigen Drink mixen. In ein Glas füllen und wenn möglich sofort trinken.

Grapefruits sind reich an Vitaminen, Spurenelementen, Mineralstoffen und Ballaststoffen, haben aber nur sehr wenig Kalorien. Diese Zitrusfrüchte eigenen sich toll zum Entschlacken, Entgiften und Entwässern.

Mandarinen Smoothie

Kalorien: 133,5 kcal

Zutaten für eine Person:

2 Mandarinen kernlos | 150 ml Ziegenmilch | 1 Prise Nelkenpulver | Süßstoff nach Bedarf

Zubereitung:

Alle Zutaten in den Mixer oder Smoothie Maker geben und zu einem cremigen Drink mixen. In ein Glas füllen und wenn möglich sofort trinken.

Mandarinen sorgen mit ihrer Balance aus Süße und Säure für gute

Laune und versorgen den Körper zusätzlich mit viel Vitamin C.

Orangen Smoothie

Kalorien: 130,3 kcal

Zutaten für eine Person:

1 Orange kernlos und filetiert | 150 Gramm Kefir | 1 Prise Zimt | 1 Messerspitze Ingwer frisch gerieben | Süßstoff nach Bedarf

Zubereitung:

Alle Zutaten in den Mixer oder Smoothie Maker geben und zu einem cremigen Drink mixen. In ein Glas füllen und wenn möglich sofort trinken.

Neben viel Vitamin C enthalten Orangen B Vitamine, die benötigt werden, damit der Stoffwechsel gut funktioniert. Orangen sind zwar süß, haben jedoch nur wenig Kalorien, perfekt also für einen leckeren Diät Smoothie.

Drachenfrucht Smoothie

Kalorien: 136,5 kcal

Zutaten für eine Person:

1 kleine pinke Drachenfrucht | 100 ml Kokoswasser | 4 Minzblätter | 50 Gramm Joghurt | Süßstoff nach Bedarf

Zubereitung:

Alle Zutaten in den Mixer oder Smoothie Maker geben und zu einem cremigen Drink mixen. In ein Glas füllen und wenn möglich sofort trinken.

Die Drachenfrucht, auch Pitahaya genannt, enthält Inhaltsstoffe, die das Zellwachstum regulieren. Pitahayas bieten Vitamin B, C und E, sowie Eisen, Kalzium und Phosphor. Die Drachenfrucht hat auch tolle Auswirkungen auf ein straffes Bindegewebe.

Pomelo Smoothie

Kalorien: 381,1 kcal

Zutaten für eine Person:

100 Gramm Pomelo ohne Kerne und filetiert | 2 Rosmarin Nadeln | 100 ml Kokosmilch | 1 Prise Himalaya Salz | Süßstoff nach Bedarf

Zubereitung:

Alle Zutaten in den Mixer oder Smoothie Maker geben und zu einem cremigen Drink mixen. In ein Glas füllen und wenn möglich sofort trinken.

Wie die Grapefruit ist auch die Pomelo eine tolle Frucht um abzunehmen. Wichtig ist, dass bei der Pomelo das Fruchtfleisch ordentlich filetiert werden muss, da die Haut äußerst bitter ist. Dieser Smoothie eignet sich toll als Ersatz für ein Mittagessen.

Jackfrucht Smoothie

Kalorien: 103 ,2 kcal

Zutaten für eine Person:

80 Gramm Jackfrucht | Saft einer halben Bio Limette | 1 TL Sesam Samen | 150 ml Ingwer Tee kalt | Süßstoff nach Bedarf

Zubereitung:

Alle Zutaten in den Mixer oder Smoothie Maker geben und zu einem cremigen Drink mixen. In ein Glas füllen und wenn möglich sofort trinken.

Smoothies zum Abnehmen

Die Jackfrucht ist die größte Baumfrucht der Welt und schmeckt herrlich süß. Sie verleiht jedem Smoothie eine ganz besondere Cremigkeit. Abends sollte jedoch auf einen Jackfrucht Smoothie verzichtet werden.

Wassermelonen Smoothie

Kalorien: 127,5 kcal

Zutaten für eine Person:

200 Gramm Wassermelone kernlos | 1 Zweig Thymian | 50 Gramm Quark | 1 Prise Zimt | Süßstoff nach Bedarf

Zubereitung:

Alle Zutaten in den Mixer oder Smoothie Maker geben und zu einem cremigen Drink mixen. In ein Glas füllen und wenn möglich sofort trinken.

Die Wassermelone ist wahrscheinlich die Frucht um abzunehmen. Sie schmeckt erfrischend und süß, besteht jedoch zum Großteil aus Wasser und hat nur sehr wenige Kalorien.

Honigmelonen Smoothie

Kalorien: 111,8 kcal

Zutaten für eine Person:

100 Gramm Honigmelone | etwa Abrieb einer Bio Orange | 20 Gramm Ricotta Käse | 1 Salbei Blatt | 100 ml Walnuss Milch | Süßstoff nach Bedarf

Zubereitung:

Alle Zutaten in den Mixer oder Smoothie Maker geben und zu einem

cremigen Drink mixen. In ein Glas füllen und wenn möglich sofort trinken.

Ähnlich wie Wassermelonen sind auch Honigmelonen toll für eine Diät geeignet, obwohl sie mehr Kalorien als die roten Wassermelonen haben. Honigmelonen bestechen durch ein feines Aroma und schmecken nach Sommer pur.

Breiapfel Smoothie

Kalorien: 107,9 kcal

Zutaten für eine Person:

80 Gramm Breiapfel | Saft einer halben Bio Zitrone | 100 Gramm Joghurt | 50 ml Buttermilch | etwas Vanille Aroma | Süßstoff nach Bedarf

Zubereitung:

Alle Zutaten in den Mixer oder Smoothie Maker geben und zu einem cremigen Drink mixen. In ein Glas füllen und wenn möglich sofort trinken.

Der Breiapfel ist auch unter dem namen Custard Apple oder Sapodilla bekannt. Er hat ein sehr intensives und süßes Aroma und eignet sich hervorragend für Shakes und Smoothies um den Heißhunger auf Schokolade zu vertreiben.

Litchi Smoothie

Kalorien: 141,4 kcal

Zutaten für eine Person:

100 Gramm Litchi ohne Schale und ohne Kerne | 1 EL Mandeln geröstet | 100 ml Rosenblüten Tee kalt | Süßstoff nach Bedarf

Zubereitung:

Alle Zutaten in den Mixer oder Smoothie Maker geben und zu einem cremigen Drink mixen. In ein Glas füllen und wenn möglich sofort trinken.

Litchis sind kleine, fruchtige Exoten, die mit Vitamin C, Magnesium, Phosphor, Kalzium und Kalium punkten. Je abwechslungsreicher eine Diät gestaltet wird, umso besser kannst du diese auch durchhalten. Darum wage dich getrost auch an diese Exoten heran, du wirst es nicht bereuen.

Kokos Smoothie

Kalorien: 256,6 kcal

Zutaten für eine Person:

2 EL Kokosraspeln leicht geröstet | 100 ml Kokoswasser | 50 ml Kokosmilch | 1 Prise Himalaya Salz | Mark einer viertel Vanilleschote | Süßstoff nach Bedarf

Zubereitung:

Alle Zutaten in den Mixer oder Smoothie Maker geben und zu einem cremigen Drink mixen. In ein Glas füllen und wenn möglich sofort trinken.

Der Kokossmoothie sorgt dafür, dass dein Darm gut saniert bleibt. Kokosnuss hat zwar etwas mehr Kalorien als andere Exoten, schmeckt jedoch ein bisschen wie Urlaub und punktet mit wichtigen Fettsäuren.

Mangostane Smoothie

Kalorien: 128 kcal

Zutaten für eine Person:

Smoothies zum Abnehmen

3 Mangostane ohne Kerne | 100 Gramm griechischer Joghurt | 2 EL Frischkäse | 1 Prise Himalaya Salz | Süßstoff nach Bedarf

Zubereitung:

Alle Zutaten in den Mixer oder Smoothie Maker geben und zu einem cremigen Drink mixen. In ein Glas füllen und wenn möglich sofort trinken.

Die Mangostane gilt zu Recht in vielen Ländern als die Königin der Früchte und auch du wirst von dem süß-säuerlichen Aroma begeistert sein. Auch besitzen Mangostane ein Enzym, das den Stoffwechsel begünstigt.

Salakfrucht Smoothie

Kalorien: 93 kcal

Zutaten für eine Person:

100 Gramm Salakfrucht ohne Schale und ohne Kern | 100 ml Kokoswasser | 1 Prise Zimt | 1 Prise Nelkenpulver | Süßstoff nach Bedarf

Zubereitung:

Alle Zutaten in den Mixer oder Smoothie Maker geben und zu einem cremigen Drink mixen. In ein Glas füllen und wenn möglich sofort trinken.

Die Salakfrucht ist besonders intensiv im Geschmack, bietet viele Vitamine und Mineralstoffe und sorgt mit ihren Aromen dafür, dass der Appetit gehemmt wird.

Physalis Smoothie

Kalorien: 106,1 kcal

Smoothies zum Abnehmen

Zutaten für eine Person:

6 Physalis | Saft einer halben Bio Limette | 1/2 TL Ahornsirup | 150 ml Buttermilch | Süßstoff nach Bedarf

Zubereitung:

Alle Zutaten in den Mixer oder Smoothie Maker geben und zu einem cremigen Drink mixen. In ein Glas füllen und wenn möglich sofort trinken.

Die Physalis oder Andenbeere schmeckt süßlich und frisch. Neben den Vitaminen und Mineralstoffen wie Vitamin A, Vitamin B und Eisen, punktet die Andenbeere damit, dass sie den Blutzuckerspiegel senkt.

Bananen Smoothie

Kalorien: 204,8 kcal

Zutaten für eine Person:

1 Banane | 1 EL Walnüsse leicht geröstet | 100 ml Ziegenmilch | Süßstoff nach Bedarf

Zubereitung:

Alle Zutaten in den Mixer oder Smoothie Maker geben und zu einem cremigen Drink mixen. In ein Glas füllen und wenn möglich sofort trinken.

Der Bananen Smoothie zählt wahrscheinlich zu den beliebtesten Shakes. Er ist süß und wirkt gegen Heißhunger Attacken. Zudem sind Bananen sehr bekömmlich, enthalten viel Vitamin B6 und Folsäure und sind ein toller Lieferant für Kalium und Magnesium.

Kiwano Smoothie

Kalorien: 230,6 kcal

Zutaten für eine Person:

100 Gramm Kiwano Fruchtfleisch | 80 Gramm Quark | 60 ml Sahne | etwas Abrieb einer Bio Zitrone | Süßstoff nach Bedarf

Zubereitung:

Alle Zutaten in den Mixer oder Smoothie Maker geben und zu einem cremigen Drink mixen. In ein Glas füllen und wenn möglich sofort trinken.

Die Kiwano, auch Horngurke genannt ist eine besonders schlanke Frucht und hat nur wenige Kalorien. Sie schmeckt wie eine Mischung aus Banane und Zitrone und liefert Kalium, Magnesium, Kalzium und Eisen und besitzt viele Vitamine des B Komplexes.

Curuba Smoothie

Kalorien: 114,5 kcal

Zutaten für eine Person:

100 Gramm Curuba | 100 ml Kokoswasser | 2 EL Frischkäse | 1/2 TL Koriander gehackt | 1 Spritzer Zitronensaft | Süßstoff nach Bedarf

Zubereitung:

Alle Zutaten in den Mixer oder Smoothie Maker geben und zu einem cremigen Drink mixen. In ein Glas füllen und wenn möglich sofort trinken.

Die Curuba wird auch Bananen-Passionsfrucht genannt und hat sehr viel Vitamin A und C.

Apfel Smoothie

Kalorien: 199,9 kcal

Smoothies zum Abnehmen

Zutaten für eine Person:

1 Apfel | Saft einer halben Bio Zitrone | 20 Gramm Mozzarella light | 100 ml Büffelmilch | Süßstoff nach Bedarf

Zubereitung:

Den Apfel entkernen. Alle Zutaten in den Mixer oder Smoothie Maker geben und zu einem cremigen Drink mixen. In ein Glas füllen und wenn möglich sofort trinken.

Äpfel machen satt, sind fruchtig frisch und punkten als Wunderfrüchte. Äpfel tragen absolut zur Gesundheit bei und helfen, den Blutzuckerspiegel zu senken.

Pfirsich Smoothie

Kalorien: 90,9 kcal

Zutaten für eine Person:

1 Pfirsich | 5 Melissen Blätter | 100 ml Ayran | 30 Gramm Skyr | Süßstoff nach Bedarf

Zubereitung:

Den Pfirsich entsteinen. Alle Zutaten in den Mixer oder Smoothie Maker geben und zu einem cremigen Drink mixen. In ein Glas füllen und wenn möglich sofort trinken.

Der Pfirsiche mit seinen Vitaminen und Mineralstoffen ist kalorienarm, schmackhaft und aromatisch. Er besitzt Antioxidantien und wertvolle, sekundäre Pflanzenstoffe.

Zwetschken Smoothie

Kalorien: 100,2 kcal

Zutaten für eine Person:

4 Zwetschken | 100 Gramm Joghurt | 50 ml Walnuss Milch | 1 Prise Anispulver | Süßstoff nach Bedarf

Zubereitung:

Die Früchte entkernen. Alle Zutaten in den Mixer oder Smoothie Maker geben und zu einem cremigen Drink mixen. In ein Glas füllen und wenn möglich sofort trinken.

Zwetschken sind tolle Energielieferanten und haben dabei auf 100 Gramm lediglich 50 Kalorien. Sie regulieren die Darmtätigkeit und machen dank ihrer Süße auch richtig satt.

Nektarinen Smoothie

Kalorien: 101,5 kcal

Zutaten für eine Person:

Eine Nektarine | 1 Messerspitze Ingwer gerieben frisch | 1 Prise Pfeffer weiß | 100 ml Buttermilch | 2 EL Cottage Cheese | Süßstoff nach Bedarf

Zubereitung:

Die Nektarine entsteinen. Alle Zutaten in den Mixer oder Smoothie Maker geben und zu einem cremigen Drink mixen. In ein Glas füllen und wenn möglich sofort trinken.

Nektarinen sind sehr saftig und schmecken leicht säuerlich. Nektarinen sind tolle Früchte für die schlanke Linie und punkten mit Vitaminen, Mineralstoffen und Ballaststoffen.

Kirsch Smoothie

Smoothies zum Abnehmen

Kalorien: 74,6 kcal

Zutaten für eine Person:

80 Gramm Kirschen ohne Kerne | 1 EL Weizenkleie | 1 Spritzer Zitronensaft | 150 ml Rosenblüten Tee kalt | Süßstoff nach Bedarf

Zubereitung:

Alle Zutaten in den Mixer oder Smoothie Maker geben und zu einem cremigen Drink mixen. In ein Glas füllen und wenn möglich sofort trinken.

Kirschen mit ihren Vitaminen, Mineralstoffen und Folsäure bestechen durch ein intensives Aroma und einer feinen Süße. Kirschen sind auch bekannt, den Kreislauf zu unterstützen.

Rhabarber Smoothie

Kalorien: 139,8 kcal

Zutaten für eine Person:

80 Gramm Rhabarber | 1 TL Honig | 1 EL Haselnüsse geröstet | 100 ml Ayran | Süßstoff nach Bedarf

Zubereitung:

Den Rhabarber schälen und in kleine Stücke schneiden. In etwas Wasser für 30 Minuten bei mittlerer Hitze dünsten. Danach alle Zutaten in den Mixer oder Smoothie Maker geben und zu einem cremigen Drink mixen. In ein Glas füllen und wenn möglich sofort trinken.

Feigen Smoothie

Kalorien: 124,2 kcal

Smoothies zum Abnehmen

Zutaten für eine Person:

2 Feigen | 100 ml Walnuss Milch | 40 Gramm Ziegenfrischkäse | 1 Prise Himalaya Salz | 1 Salbei Blatt

Zubereitung:

Alle Zutaten in den Mixer oder Smoothie Maker geben und zu einem cremigen Drink mixen. In ein Glas füllen und wenn möglich sofort trinken.

Feigen sind sehr gut für die Verdauung und äußerst bekömmlich. Sie punkten mit vielen Ballaststoffen, sind wunderbar süß und machen richtig satt.

Leckere Gemüse Smoothies

Gemüse Smoothies sind eine tolle Alternative zu süßen Obst-Smoothies. Sie haben deutlich weniger Kalorien, da Gemüse sehr wenig Zucker enthält. Diese Smoothies sind ideal für alle, die es lieber herzhaft und pikant mögen. Bei den Gemüse Smoothies kannst Du nach Lust und Laune mit vielen Gewürzen und frischen Kräutern experimentieren.

Pak Choi Smoothie

Kalorien: 38,8 kcal

Zutaten für eine Person:

80 Gramm Pak Choi | 1/2 TL Leinsamen geröstet | 1 Prise Kreuzkümmel gemahlen | 150 ml grüner Tee

Zubereitung:

Alle Zutaten in den Mixer oder Smoothie Maker geben und zu einem cremigen Drink mixen. In ein Glas füllen und wenn möglich sofort trinken.

Pak Choi enthält deutlich weniger Oxalsäure als Mangold und Spinat und wird daher auch von allen gut vertragen, die Probleme mit den Nieren haben. Pak Choi wirkt keimtötend und enthält viele Vitamine, Mineralstoffe und Folsäure. Besonders alle, die sich vegan ernähren, sollten häufig zu Pak Choi greifen.

Rotkohl Smoothie

Kalorien: 92,5 kcal

Zutaten für eine Person:

50 Gramm Rotkohl | Saft einer halben Bio Orange | 1 Prise Anis | 120 Gramm Joghurt | 1 Prise Himalaya Salz

Zubereitung:

Alle Zutaten in den Mixer oder Smoothie Maker geben und zu einem cremigen Drink mixen. In ein Glas füllen und wenn möglich sofort trinken. Wer leicht Blähungen bekommt, kann den Rotkohl vor dem Mixen für einige Minuten in heißem Wasser blanchieren.

Okraschoten Smoothie

Kalorien: 74,8 kcal

Zutaten für eine Person:

4 Okraschoten | 100 ml schwarzer Tee | 1 Prise Himalaya Salz | 1/2 TL Honig | 50 Gramm Quark

Zubereitung:

Alle Zutaten in den Mixer oder Smoothie Maker geben und zu einem cremigen Drink mixen. In ein Glas füllen und wenn möglich sofort trinken. Die beste Wirkung der Okra Schoten erzielst Du, wenn Du sie über Nacht im Schwarztee einlegst und erst am nächsten Morgen samt

Einlege-Flüssigkeit verwendest.

Okraschoten werden in Asien als Heilmittel gegen Diabetes eingesetzt und senken den Blutzuckerspiegel. Okraschoten schmecken mild und haben eine leicht schlatzige Konsistenz.

Schwarzwurzel Smoothie

Kalorien: 103,4 kcal

Zutaten für eine Person:

60 Gramm Schwarzwurzeln | 1 EL Pinienkerne geröstet | 150 ml Mandelmilch | 1 TL Petersilie gehackt | 1 kleine Prise Himalaya Steinsalz

Zubereitung:

Die Schwarzwurzeln schälen und in kleine Stücke schneiden. In Salzwasser für etwa 15 Minuten bei mittlerer Hitze kochen. Danach alle Zutaten in den Mixer oder Smoothie Maker geben und zu einem cremigen Drink mixen. In ein Glas füllen und wenn möglich sofort trinken.

Schwarzwurzeln sind sehr aromatisch und wirken entwässernd. Schwarzwurzeln sind eine geheime Wunderwaffe gegen Cellulite.

Radieschen Smoothie

Kalorien: 97,9 kcal

Zutaten für eine Person:

4 Radieschen | 1 TL Schnittlauch in Röllchen | 1 Prise Pfeffer gemahlen | 100 Gramm griechischer Joghurt | 50 Gramm Frischkäse | 1 Prise Kräutersalz

Zubereitung:

Alle Zutaten in den Mixer oder Smoothie Maker geben und zu einem cremigen Drink mixen. In ein Glas füllen und wenn möglich sofort trinken.

Radieschen haben eine entzündungshemmende Wirkung und überzeugen mit einer leichten, natürlichen Schärfe. Sie haben wenig Kalorien und regen wunderbar den Stoffwechsel an.

Tomaten Smoothie mit Chili

Kalorien: 138,7 kcal

Zutaten für eine Person:

100 Gramm Tomaten | 1 Chilischote rot | 1 Prise Steinsalz | 100 Gramm Kefir | 1 Stängel Koriander

Zubereitung:

Die Tomaten an der Oberseite kreuzweise einritzen und für 30 Sekunden in heißem Wasser blanchieren. So lässt sich die Haut einfach abziehen. Wer möchte kann auch Tomaten mit der Schale verwenden. Danach alle Zutaten in den Mixer oder Smoothie Maker geben und zu einem cremigen Drink mixen. In ein Glas füllen und wenn möglich sofort trinken.

Dieser fruchtige, kalorienarme Smoothie ist ein wahrer Booster für den Stoffwechsel.

Kohl Smoothie

Kalorien: 189,3 kcal

Zutaten für eine Person:

50 Gramm Grünkohl | 2 EL Haselnüsse geröstet | 100 ml Rooibus Tee | 50 Gramm körniger Frischkäse | 1 Messerspitze gelbes Currypulver

Zubereitung:

Alle Zutaten in den Mixer oder Smoothie Maker geben und zu einem cremigen Drink mixen. In ein Glas füllen und wenn möglich sofort trinken. Wer rohen Kohl nicht gut verträgt, kann ihn auch für einige Sekunden in heißem Salzwasser blanchieren.

Kohl regt die Verdauung an und punktet mit Vitaminen, Mineralstoffen und sekundären Pflanzenstoffen.

Artischocken Smoothie

Kalorien: 75,8 kcal

Zutaten für eine Person:

60 Gramm Artischocken Herzen | Saft einer halben Bio Zitrone | 1 EL Haferkleie | 120 ml Buttermilch | 1/2 TL Ahornsirup

Zubereitung:

Alle Zutaten in den Mixer oder Smoothie Maker geben und zu einem cremigen Drink mixen. In ein Glas füllen und wenn möglich sofort trinken.

Artischocken gelten als sehr feines Gemüse. Sie regen dank ihrer Bitterstoffe die Verdauung an. Artischocken gelten auch als perfektes Gemüse für die Diät und haben den Ruf, die Kilos an den Hüften zum Schmelzen zu bringen.

Avokado Smoothie

Kalorien: 164,5 kcal

Zutaten für eine Person:

1/2 Avokado | 1/2 TL Kakao doppelt entölt | Saft einer halben Bio

Limette | 100 ml Walnuss Milch

Zubereitung:

Alle Zutaten in den Mixer oder Smoothie Maker geben und zu einem cremigen Drink mixen. In ein Glas füllen und wenn möglich sofort trinken.

Avokados sind zwar die vielleicht fettreichsten Früchte, sind jedoch während einer Diät absolut wertvoll. Avokados liefern sämtliche Vitamine von A bis E und bieten mehrfach ungesättigte Fettsäuren, die für unseren Körper so gesund sind. Avokados sind antibakteriell und auch wenn sie sehr fettreich sind, senken sie dennoch den Cholesterinspiegel.

Kohlrabi Smoothie

Kalorien: 105,5 kcal

Zutaten für eine Person:

60 Gramm Kohlrabi | 100 Gramm Joghurt | 50 Gramm Quark | 1 Prise Kardamom gemahlen | 1 Prise Meersalz | 1 Spritzer Limettensaft

Zubereitung:

Die Kohlrabi schälen und eventuell von holzigen Stellen befreien. Danach alle Zutaten in den Mixer oder Smoothie Maker geben und zu einem cremigen Drink mixen. In ein Glas füllen und wenn möglich sofort trinken.

Die Kohlrabi ist vor allem bei Rohkost Fans ein sehr beliebtes Gemüse. Kohlrabi ist aromatisch, hat wenig Kalorien, ist entwässernd und regt dank der natürlichen Schärfe den Stoffwechsel an.

Brokkoli Smoothie

Kalorien: 94,4 kcal

Smoothies zum Abnehmen

Zutaten für eine Person:

60 Gramm Brokkoli Röschen | 1 EL Mandeln geröstet | 100 ml grüner Tee | 50 Gramm Kefir | 1 Prise Himalaya Salz

Zubereitung:

Alle Zutaten in den Mixer oder Smoothie Maker geben und zu einem cremigen Drink mixen. In ein Glas füllen und wenn möglich sofort trinken.

Dieser Smoothie zählt zu der Top 10 der gesündesten Smoothies. Wer sich mit Smoothies gesund ernähren möchte und auf die Figur achten will, der sollte mehrmals pro Woche zu einem grünen Smoothie greifen.

Gurken Smoothie

Kalorien: 69,7 kcal

Zutaten für eine Person:

100 Gramm Gurken | 100 Gramm Joghurt | 1/2 TL Dill gehackt | 1 Messerspitze Cayenne Pfeffer | 1 Prise Kräutersalz

Zubereitung:

Alle Zutaten in den Mixer oder Smoothie Maker geben und zu einem cremigen Drink mixen. In ein Glas füllen und wenn möglich sofort trinken.

Gurken bestechen mit einem subtilen Aroma, entwässern und erfrischen. Gurken sind aus keiner Diät wegzudenken. Wenn dich der Appetit plagt, dann kannst du dir schnell einen Gurken Smoothie mixen, und der Hunger ist wie weggeblasen.

Smoothies zum Abnehmen

Paprika Smoothie

Kalorien: 102,5 kcal

Zutaten für eine Person:

80 Gramm Paprika gelb | 1 Messerspitze gelbes Currypulver | 1 TL Honig | 150 ml Buttermilch

Zubereitung:

Die Paprika in Stücke schneiden und im Ofen für etwa 2 Minuten bei 200° Celsius und Grillfunktion rösten. So lässt sich die Haut schön ablösen und die Paprika entwickelt eine sehr angenehme, natürliche Süße. Danach alle Zutaten in den Mixer oder Smoothie Maker geben und zu einem cremigen Drink mixen. In ein Glas füllen und wenn möglich sofort trinken.

Paprika sind tolle Lieferanten für Kalium, Kalzium und Magnesium. Auch zum Naschen für Zwischendurch eignet sich ein Stück rohe Paprika immer gut.

Smoothie mit Staudensellerie

Kalorien: 94 kcal

Zutaten für eine Person:

2 Stangen Staudensellerie | 1 Prise Anispulver | 1 EL Walnüsse | 100 ml Zitronen Tee | 50 Gramm Skyr

Zubereitung:

Alle Zutaten in den Mixer oder Smoothie Maker geben und zu einem cremigen Drink mixen. In ein Glas füllen und wenn möglich sofort trinken.

Staudensellerie ist entwässernd und entgiftend. Dieses Gemüse ist ein sehr aromatisches Detox-Gemüse, welches der Cellulite den Kampf ansagt.

Kräuter Smoothie

Kalorien: 45,5 kcal

Zutaten für eine Person:

1 TL Petersilie | 1 TL Kerbel | 1 Zweig Rosmarin | 100 ml Brombeer Tee | 50 Gramm Quark | 1 Prise Kräutersalz

Zubereitung:

Alle Zutaten in den Mixer oder Smoothie Maker geben und zu einem cremigen Drink mixen. In ein Glas füllen und wenn möglich sofort trinken.

Kräuter sind aromatisch, vertreiben jegliches Hungergefühl und regen Stoffwechsel und die Verdauung an. Du kannst jeden Smoothie nach Lust und Laune mit deinen Lieblingskräutern verfeinern.

Rote Bete Smoothie

Kalorien: 108,7 kcal

Zutaten für eine Person:

80 Gramm rote Bete | Saft einer halben Bio Orange | 1 Prise Nelkenpulver | 120 ml Sojamilch

Zubereitung:

Die rote Bete schälen und in Stücke schneiden und in etwas Salzwasser für 20 Minuten bei mittlerer Hitze garen. Wenn du rote Bete roh verwenden willst, ist der Geschmack etwas erdig. Du kannst die roten Bete auch auspressen und nur den Saft verwenden. Danach alle Zutaten in den Mixer oder Smoothie Maker geben und zu einem

cremigen Drink mixen. In ein Glas füllen und wenn möglich sofort trinken.

Die roten Bete ist der Star unter den entgiftenden Gemüsearten. Sie ist verantwortlich für ein stabiles Immunsystem, sorgt für eine glatte, schöne Haut und ist leicht verträglich.

Möhren Smoothie

Kalorien: 94,3 kcal

Zutaten für eine Person:

80 Gramm Möhren | Saft einer halben Bio Limette | 1 EL Erdnüsse geröstet | 1/2 TL Honig | 100 ml Ingwer Tee | 1 EL Frischkäse

Zubereitung:

Die Möhren vom Strunk befreien, in kleine Stücke schneiden und für mindestens eine Stunde bei kleiner Hitze köcheln. So entwickeln die Karotten eine harmonische Süße. Danach alle Zutaten in den Mixer oder Smoothie Maker geben und zu einem cremigen Drink mixen. In ein Glas füllen und wenn möglich sofort trinken.

Die auf diese Art gekochten Karotten sind absolut gut für die Verdauung und den Darm. Zudem schmeckt dieser Smoothie einfach himmlisch.

Kürbis Smoothie

Kalorien: 153,2 kcal

Zutaten für eine Person:

80 Gramm Hokkaido Kürbis | 1 EL Kürbiskerne geröstet | 1 Zweig Thymian | 1 Prise Zimt gemahlen | 100 ml Buttermilch | 50 Gramm Cottage Käse

Zubereitung:

Den Kürbis schälen und im Backofen bei 170° Celsius für 10 Minuten backen. Danach alle Zutaten in den Mixer oder Smoothie Maker geben und zu einem cremigen Drink mixen. In ein Glas füllen und wenn möglich sofort trinken.

Kürbis ist reich an Beta Karotin, Vitamin A, Magnesium, Kalzium und Kalium und ist ein sehr schmackhaftes Gemüse für die schlanke Linie. Der Kürbis macht den Smoothie besonders cremig.

Spinat Smoothie

Kalorien: 47,9 kcal

Zutaten für eine Person:

80 Gramm Baby-Blattspinat | 1 Prise Meersalz | 1 Prise Pfeffer weiß | 1 Knoblauchzehe | 100 ml Schwarztee | 50 Gramm Skyr

Zubereitung:

Alle Zutaten in den Mixer oder Smoothie Maker geben und zu einem cremigen Drink mixen. In ein Glas füllen und wenn möglich sofort trinken.

Spinat ist ein toller pflanzlicher Eiweiß Lieferant und punktet mit vielen Vitaminen und Mineralstoffen. Grüns Smoothies sind sehr gesund und perfekt um die Bikini-Figur zu erreichen.

Radieschen-Blätter Smoothie

Kalorien: 48,6 kcal

Zutaten für eine Person:

1 Bund Radieschen-Blätter | 1/2 TL Senf scharf | 100 ml Orangen Tee | 50 Gramm Quark | 1 Prise Himalaya Steinsalz

Zubereitung:

Alle Zutaten in den Mixer oder Smoothie Maker geben und zu einem cremigen Drink mixen. In ein Glas füllen und wenn möglich sofort trinken.

Diese außergewöhnliche Smoothie ist ein Rohkost Smoothie der mit vielen Vitaminen, Mineralstoffen und Ballaststoffen punktet.

Gemischte Smoothies

Für diese Smoothies benötigst du etwas mehr Zutaten. Wir haben dennoch darauf geachtet, die Rezepte so einfach als möglich zu halten. Die gemischten Smoothies punkten mit facettenreichen Aromen und garantiert wirst du im Nu Deinen Lieblings-Drink finden.

Haselnuss Smoothie

Kalorien: 192,3 kcal

Zutaten für eine Person:

3 EL Haselnüsse geröstet | 1 EL Weizenkleie | 100 ml Mandelmilch | 1 kleine Prise Meersalz

Zubereitung:

Alle Zutaten in den Mixer oder Smoothie Maker geben und zu einem cremigen Drink mixen. In ein Glas füllen und wenn möglich sofort trinken.

Smoothies zum Abnehmen

Nüsse sind gut für Gehirnaktivitäten, unterstützen dich an einem anstrengenden Arbeitstag und machen zudem satt und glücklich.

Kirsch-Banane Smoothie mit Nelken

Kalorien: 158,4 kcal

Zutaten für eine Person:

30 Gramm Kirschen ohne Kerne | 60 Gramm Quark | 1 Prise Nelkenpulver | 1/2 Banane | 60 Gramm Kefir | Saft einer halben Bio Limette

Zubereitung:

Alle Zutaten in den Mixer oder Smoothie Maker geben und zu einem cremigen Drink mixen. In ein Glas füllen und wenn möglich sofort trinken.

Dieser Ki-Ba Smoothie mit aromatischer und exotischer Würzung ist Balsam für die Seele.

Lavendel Smoothie mit Birne

Kalorien: 79,2 kcal

Zutaten für eine Person:

1 kleine Birne | 120 ml Zitronen Tee | 1 TL Lavendelblüten frisch oder getrocknet | 2 EL Schmand | Süßstoff nach Bedarf

Zubereitung:

Die Birne vom Kerngehäuse befreien. Alle Zutaten in den Mixer oder Smoothie Maker geben und zu einem cremigen Drink mixen. In ein Glas füllen und wenn möglich sofort trinken.

Du kannst die Birne schälen, besser ist jedoch, wenn du die Schale mit in den Mixer gibst. So profitierst du von den gesamten Ballaststoffen, welche die Birne zu bieten hat.

Ananas, Banane, Orange und Ingwer Smoothie

Kalorien: 107,4 kcal

Zutaten für eine Person:

30 Gramm Ananas frisch | 1/4 Banane | 100 ml Orangensaft frisch gepresst | 1 Messerspitze Ingwer frisch gerieben | 1 Prise Himalaya Salz | Süßstoff nach Bedarf

Zubereitung:

Alle Zutaten in den Mixer oder Smoothie Maker geben und zu einem cremigen Drink mixen. In ein Glas füllen und wenn möglich sofort trinken.

Dieser Smoothie bietet die geballte Ladung an Vitaminen und der Ingwer kurbelt deinen Stoffwechsel ordentlich an.

Mango Maracuja Smoothie

Kalorien: 48 kcal

Zutaten für eine Person:

1/2 Mango | Fruchtfleisch von 2 Maracujas | 1 Prise Chili getrocknet | 100 ml weißer Tee | Süßstoff nach Bedarf

Zubereitung:

Alle Zutaten in den Mixer oder Smoothie Maker geben und zu einem cremigen Drink mixen. In ein Glas füllen und wenn möglich sofort trinken.

Mit diesem Smoothie zauberst du dich gedanklich auf eine exotische

Insel. Er ist blutreinigend, entwässernd und macht schlank und schön.

Kokos Ananas Smoothie

Kalorien: 233,6 kcal

Zutaten für eine Person:

80 Gramm Ananas | 100 ml Kokoswasser | 50 ml Kokosmilch | 1 Spritzer Limettensaft | Süßstoff nach Bedarf

Zubereitung:

Alle Zutaten in den Mixer oder Smoothie Maker geben und zu einem cremigen Drink mixen. In ein Glas füllen und wenn möglich sofort trinken.

Dieser gesunde Smoothie bietet dir einen Hauch von Karibik Feeling und ist eine tolle Alternative zur ungesunden und kalorienhältigen Pina Colada.

Beerenmix Smoothie mit Minze

Kalorien: 43 kcal

Zutaten für eine Person:

100 Gramm Beerenmix frisch oder TK | 6 Minzblätter | 100 ml Brombeer Tee | 50 ml Sojamilch | Süßstoff nach Bedarf

Zubereitung:

Alle Zutaten in den Mixer oder Smoothie Maker geben und zu einem cremigen Drink mixen. In ein Glas füllen und wenn möglich sofort trinken.

Dieser Smoothie bietet die geballte Ladung an guter Inhaltsstoffe der Beeren. Die Minze verleiht dem Drink ein sehr erfrischendes Aroma.

Smoothies zum Abnehmen

Orangen und Möhren Smoothie

Kalorien: 51,6 kcal

Zutaten für eine Person:

1 gekochte Möhre | 1 Orange filetiert | 100 ml Orange Tee | 1/2 TL Honig | 1 Prise Anispulver

Zubereitung:

Alle Zutaten in den Mixer oder Smoothie Maker geben und zu einem cremigen Drink mixen. In ein Glas füllen und wenn möglich sofort trinken.

Wenn du rohe Möhren verwendest, ist dieser Smoothie reich an Ballaststoffen und beeinflusst deinen Darm positiv.

Rote Bete und Mandarinen Smoothie

Kalorien: 103,8 kcal

Zutaten für eine Person:

1 rote Bete | 2 Mandarinen kernlos | 100 Gramm Joghurt | 1 Prise Zimt | 1 Prise Steinsalz | Süßstoff nach Bedarf

Zubereitung:

Die rote Bete gut schälen. Alle Zutaten in den Mixer oder Smoothie Maker geben und zu einem cremigen Drink mixen. In ein Glas füllen und wenn möglich sofort trinken.

Für diesen Smoothie verwendest du die rote Bete roh. Das Ergebnis ist ein sehr erdiger aber fruchtiger Smoothie.

Pflaumen Smoothie mit Salbei

Kalorien: 127,7 kcal

Zutaten für eine Person:

4 Pflaumen entkernt | 2 Salbei Blätter | 1/2 TL Kakao doppelt entölt | 100 ml Sojamilch | 50 Gramm Quark | 1/2 TL Ahornsirup | 1 Prise Nelkenpulver

Zubereitung:

Alle Zutaten in den Mixer oder Smoothie Maker geben und zu einem cremigen Drink mixen. In ein Glas füllen und wenn möglich sofort trinken.

Der Salbei ist beruhigend, entzündungshemmend und gut für den Stoffwechsel. Zudem sorgt er für frischen Atem und vertreibt das Hungergefühl im Nu.

Melone Koriander Smoothie

Kalorien: 118,2 kcal

Zutaten für eine Person:

250 Gramm Wassermelone ohne Kerne | 1/4 Bund Koriander | Saft einer halben Bio Zitrone | 1/2 TL Blütenhonig | 1 Prise Himalaya Salz

Zubereitung:

Alle Zutaten in den Mixer oder Smoothie Maker geben und zu einem cremigen Drink mixen. In ein Glas füllen und wenn möglich sofort trinken.

Dieser außergewöhnliche Smoothie schmeckt besonders an heißen Tagen sehr erfrischend.

Smoothies zum Abnehmen

Trauben Smoothie mit Nüssen

Kalorien: 207,5 kcal

Zutaten für eine Person:

100 Gramm Weintrauben | 2 EL Pekan Nüsse geröstet | 100 ml Erdbeer Tee | 1 Prise Himalaya Salz

Zubereitung:

Alle Zutaten in den Mixer oder Smoothie Maker geben und zu einem cremigen Drink mixen. In ein Glas füllen und wenn möglich sofort trinken.

Du kannst für diesen Smoothie kernlose Trauben verwenden. Denk aber daran, dass Traubenkerne besonders gesund sind und als wahrer Jungbrunnen gelten.

Smoothie mit Erdbeeren, Spargel und Pfeffer

Kalorien: 28,5 kcal

Zutaten für eine Person:

60 Gramm Erdbeeren frisch oder TK | 4 grüne Spargelköpfe | 1 Prise Pfeffer frisch gemahlen | 150 ml Erdbeer Tee | 3 Blatt Basilikum

Zubereitung:

Den Spargel schälen, in Stücke schneiden und für etwa 15 Minuten in Salzwasser weich kochen. Danach alle Zutaten in den Mixer oder Smoothie Maker geben und zu einem cremigen Drink mixen. In ein Glas füllen und wenn möglich sofort trinken.

Dieser Smoothie ist besonders entwässernd, und sorgt für eine frische, rosige Haut. Der Smoothie ist ein toller Ersatz für ein leichtes und schnelles Mittagessen.

Litchi Smoohtie mit Curry

Kalorien: 140,6 kcal

Zutaten für eine Person:

100 Gramm Litchis ohne Kern | 1 Messerspitze Currypulver gelb | Saft einer halben Bio Zitrone | 100 Gramm Joghurt | 50 ml Kokoswasser | 1/2 TL Blütenhonig

Zubereitung:

Alle Zutaten in den Mixer oder Smoothie Maker geben und zu einem cremigen Drink mixen. In ein Glas füllen und wenn möglich sofort trinken.

Dieser Smoothie steckt voller Kraft und Energie. Er kurbelt den Stoffwechsel an und verzaubert mit exotischen Aromen.

Tamarinden Smoothie

Kalorien: 165 kcal

Zutaten für eine Person:

1 EL Tamarinden Paste | 50 ml Tamarinden Saft ohne Zuckerzusatz | 100 Gramm Quark | 1 Prise Himalaya Salz | Süßstoff nach Bedarf

Zubereitung:

Alle Zutaten in den Mixer oder Smoothie Maker geben und zu einem cremigen Drink mixen. In ein Glas füllen und wenn möglich sofort trinken.

Tamarinden sind exotische Baumpflanzen, die mit einer natürlichen Süße überzeugen. In Asien werden Tamarinden als Figur freundliche Nascherei verspeist.

Smoothies zum Abnehmen

Aprikosen Smoothie mit Wasabi

Kalorien: 58,7 kcal

Zutaten für eine Person:

60 Gramm Aprikosen | 1 Messerspitze Wasabi Pulver oder Paste | 100 ml Apfel Tee | 50 Gramm Skyr | 1/2 TL Apfelessig | Süßstoff nach Bedarf

Zubereitung:

Alle Zutaten in den Mixer oder Smoothie Maker geben und zu einem cremigen Drink mixen. In ein Glas füllen und wenn möglich sofort trinken.

Zauber dir einen Hauch von Japan auf den Tisch und genieße diesen Smoothie zu einem kleinen Sushi.

Zwetschken Smoothie mit Vanille

Kalorien: 115,9 kcal

Zutaten für eine Person:

80 Gramm Zwetschken ohne Kern | 1 Messerspitze Vanille Mark oder etwas Vanille Aroma | 1 EL Weizenkleie | 150 ml Buttermilch | 1/2 TL Ahornsirup

Zubereitung:

Alle Zutaten in den Mixer oder Smoothie Maker geben und zu einem cremigen Drink mixen. In ein Glas füllen und wenn möglich sofort trinken.

Dieser Smoothie schmeckt besonders an kühlen Abenden hervorragend.

Chili Vanilli Smoothie mit Beeren

Kalorien: 39,3 kcal

Zutaten für eine Person:

30 Gramm Himbeeren | 30 Gramm Johannisbeeren rot | 30 Gramm Erdbeeren | 1 Chili rot | etwas Vanille Aroma oder Mark einer viertel Vanilleschote | 150 ml Orangen Tee | 2 EL Frischkäse 0,2% Fett | Süßstoff nach Bedarf

Zubereitung:

Alle Zutaten in den Mixer oder Smoothie Maker geben und zu einem cremigen Drink mixen. In ein Glas füllen und wenn möglich sofort trinken.

Die leichte Schärfe in diesem Smoothie ist die Kurbel für deinen Stoffwechsel.

Melonen Smoothie mit Minze

Kalorien: 131,6 kcal

Zutaten für eine Person:

100 Gramm Honigmelone | 10 Minzblätter | 120 Gramm griechischer Joghurt | Saft und Abrieb einer halben Bio Limette | Süßstoff nach Bedarf

Zubereitung:

Alle Zutaten in den Mixer oder Smoothie Maker geben und zu einem cremigen Drink mixen. In ein Glas füllen und wenn möglich sofort trinken.

Fruchtig, frisch und lecker, so macht gesunde Ernährung richtig viel

Spaß.

Virgin Caipirinha Smoothie

Kalorien: 76,6 kcal

Zutaten für eine Person:

2 Limetten filetiert | 50 ml Zitronen Tee | 1 TL Honig | 1/2 Glass crashed Eis | 100 ml Zitronengras Tee

Zubereitung:

Alle Zutaten in den Mixer oder Smoothie Maker geben und zu einem cremigen Drink mixen. In ein Glas füllen, mit Soda aufgießen und mit einigen Eiswürfeln garniert trinken.

Auch wenn alle anderen Party machen und du auf Diät bist, zauberst du dir diesen Smoothie, der eine tolle Alternative zu ungesunden Cocktails ist.

Multifrucht Smoothie

Kalorien: 132,5 kcal

Zutaten für eine Person:

1/4 Banane | 20 Gramm Mango | 20 Gramm Papaya | Fruchtfleisch einer Maracuja | 100 Gramm Joghurt | 50 ml Karottensaft frisch gepresst oder ohne Zuckerzusatz | Süßstoff nach Bedarf

Zubereitung:

Alle Zutaten in den Mixer oder Smoothie Maker geben und zu einem cremigen Drink mixen. In ein Glas füllen und wenn möglich sofort trinken.

Du kannst natürlich sämtliche Früchte verwenden, die du im Obstkorb hast. Wichtig ist nur die Vielfalt an Farben, denn je mehr Farben - desto mehr Vitamine sind auch enthalten. Natürlich kannst du auch sämtliche frisch gepresste Säfte anstelle des Karottensafts verwenden.

Ananas - Orangen Smoothie mit Basilikum

Kalorien: 200,3 kcal

Zutaten für eine Person:

50 Gramm Ananas frisch | 1 Orange kernlos filetiert | 6 Blatt Basilikum | 120 Gramm Kefir | 1 Prise Nelkenpulver | Süßstoff nach Bedarf

Zubereitung:

Alle Zutaten in den Mixer oder Smoothie Maker geben und zu einem cremigen Drink mixen. In ein Glas füllen und wenn möglich sofort trinken.

Du kannst für diesen Smoothie auch Salbei, Thymian oder Oregano verwenden. Auch Chili und Ingwer passen gut zu dieser Smoothie Kreation.

Smoothie mit Feigen und Staudensellerie

Kalorien: 90,9 kcal

Zutaten für eine Person:

1 Feige | 1 Stange Staudensellerie | 1 EL Erdnüsse geröstet | 1/2 TL Ahornsirup | 100 ml Ayran

Zubereitung:

Alle Zutaten in den Mixer oder Smoothie Maker geben und zu einem cremigen Drink mixen. In ein Glas füllen und wenn möglich sofort trinken.

Smoothies zum Abnehmen

Cremig süß und aromatisch frisch ist dieser entwässernde aber auch bekömmliche Smoothie, der dich garantiert begeistern wird.

Apfel Smoothie mit Brokkoli und Mandeln

Kalorien: 92,8 kcal

Zutaten für eine Person:

1/2 Apfel ohne Kerngehäuse | 30 Gramm Brokkoli Röschen | 1 EL Mandeln geröstet | 100 ml Apfel Tee | 2 EL körniger Frischkäse natur | Zitronensaft oder Süßstoff nach Bedarf

Zubereitung:

Alle Zutaten in den Mixer oder Smoothie Maker geben und zu einem cremigen Drink mixen. In ein Glas füllen und wenn möglich sofort trinken.

Dieser Smoothie besticht mit fruchtigen, erdigen und nussigen Aromen und macht garantiert satt.

Jackfrucht Smoothie mit Radicchio

Kalorien: 52,6 kcal

Zutaten für eine Person:

50 Gramm Jackfrucht | 20 Gramm Radicchio | 1 Prise Zimt gemahlen | 1/2 TL Haferkleie | 150 ml Rooibus Tee | Süßstoff nach Bedarf

Zubereitung:

Alle Zutaten in den Mixer oder Smoothie Maker geben und zu einem cremigen Drink mixen. In ein Glas füllen und wenn möglich sofort trinken.

Smoothies zum Abnehmen

Der rote Radicchio Salat verleiht dem Smoothie eine leicht bittere Note. Diese sorgt für ein rasches Sättigungsgefühl.

Ruccola Smoothie mit Pinienkernen

Kalorien: 170,3 kcal

Zutaten für eine Person:

20 Gramm Ruccola | 2 EL Pinienkerne | 150 ml Buttermilch | 1 Prise Himalaya Salz | 1 Prise Pfeffer weiß | 1 Spritzer Limettensaft

Zubereitung:

Alle Zutaten in den Mixer oder Smoothie Maker geben und zu einem cremigen Drink mixen. In ein Glas füllen und wenn möglich sofort trinken.

Immer nur Salat essen wird auf die Dauer langweilig. Hier hast du nun einen spannenden Salat zum Trinken.

Smoothie mit Ofengemüse

Kalorien: 51,8 kcal

Zutaten für eine Person:

1/4 Möhre | 30 Gramm Kürbis | 20 Gramm Sellerie | 100 ml Schwarztee | 50 Gramm Frischkäse mit 0,2% Fett | 1 Prise Himalaya Salz

Zubereitung:

Das Gemüse auf ein Backblech legen und für 10 Minuten bei 180° Celsius im Ofen rösten. Danach alle Zutaten in den Mixer oder Smoothie Maker geben und zu einem cremigen Drink mixen. In ein Glas füllen und wenn möglich sofort trinken.

Smoothies zum Abnehmen

Dieser tolle Smoothie ersetzt vollwertig eine Mahlzeit und eignet sich als Ersatz für ein Abendessen.

Rote Bete Smoothie mit Kren

Kalorien: 92,6 kcal

Zutaten für eine Person:

60 Gramm rote Bete | 1/2 TL Meerrettich frisch gerieben | 1 Zweig Thymian | 100 ml Walnuss Milch | 1 Prise Pfeffer weiß | 50 Gramm Cottage Cheese | 1 kleine Prise Himalaya Salz

Zubereitung:

Alle Zutaten in den Mixer oder Smoothie Maker geben und zu einem cremigen Drink mixen. In ein Glas füllen und wenn möglich sofort trinken.

Ob gekocht oder roh, bereite dir diesen Smoothie nach eigenen Wünschen zu.

Kürbis Smoothie mit Ananas

Kalorien: 217,2 kcal

Zutaten für eine Person:

80 Gramm Ananas frisch | 2 EL Kürbiskerne leicht geröstet | 150 ml Buttermilch | 3 Tropfen Kürbiskern Öl | 1/2 TL Honig

Zubereitung:

Alle Zutaten in den Mixer oder Smoothie Maker geben und zu einem cremigen Drink mixen. In ein Glas füllen und wenn möglich sofort trinken.

Lecker, einfach lecker...mehr gibt es dazu nicht zu sagen - außer dass dieser Smoothie natürlich sehr gesund ist.

Smoothie mit Knoblauch und Ziegenkäse

Kalorien: 124,8 kcal

Zutaten für eine Person:

40 Gramm Frischkäse von der Ziegenmilch | 2 kleine Knoblauchzehen | 100 ml Ziegenmilch | 3 Koriander Stängel | 1 Prise Pfeffer weiß | Kräutersalz nach Bedarf

Zubereitung:

Alle Zutaten in den Mixer oder Smoothie Maker geben und zu einem cremigen Drink mixen. In ein Glas füllen und wenn möglich sofort trinken.

Dieser Smoothie ist herrlich pikant und aromatisch und passt perfekt als Jause oder Abendessen.

Grünkohl Smoothie mit Ingwer

Kalorien: 44,8 kcal

Zutaten für eine Person:

30 Gramm Grünkohl | 1/2 cm von der Ingwerwurzel geschält | 1 Prise Zimt gemahlen | 1 Prise Kardamom gemahlen | 1 TL Haferkleie | 130 ml grüner Tee | Süßstoff oder Meersalz nach Bedarf

Zubereitung:

Alle Zutaten in den Mixer oder Smoothie Maker geben und zu einem cremigen Drink mixen. In ein Glas füllen und wenn möglich sofort trinken.

Immer wenn du Ingwer für deinen Smoothie verwendest, bekommt dein Stoffwechsel einen extra Kick. Dasselbe gilt auch für Chilis.

Apfel und Rotkohl Smoothie

Kalorien: 54,1 kcal

Zutaten für eine Person:

1/2 Apfel ohne Kerngehäuse | 20 Gramm Rotkohl | 1 Prise Nelkenpulver | 1 Prise Zimt gemahlen | 50 ml Orangensaft frisch gepresst oder ohne Zuckerzusatz | 100 ml Apfeltee

Zubereitung:

Alle Zutaten in den Mixer oder Smoothie Maker geben und zu einem cremigen Drink mixen. In ein Glas füllen und wenn möglich sofort trinken.

Dieser Smoothie erinnert an das Apfelrotkraut, welches Großmutti immer besonders lecker gekocht hat. Dieser Smoothie ist entwässernd und sättigend.

Smoothie mit Tomaten, Limetten und Staudensellerie

Kalorien: 42,3 kcal

Zutaten für eine Person:

4 Tomaten | 1 Stange Staudensellerie | Saft und Abrieb einer halben Bio Limette | 1 Messerspitze Cayenne Pfeffer | 50 ml Büffel Milch | Meersalz nach Bedarf

Zubereitung:

Alle Zutaten in den Mixer oder Smoothie Maker geben und zu einem cremigen Drink mixen. In ein Glas füllen und wenn möglich sofort trinken.

Du kannst zusätzlich noch Chili, Ingwer und diverse Kräuter verwenden.

Maracuja Smoothie mit Kurkuma und Zucchini

Kalorien: 84,1 kcal

Zutaten für eine Person:

Fruchtfleisch von 2 Maracujas | 1/2 TL Kurkuma gerieben | 1/2 kleine Zucchini | 120 ml Dickmilch entrahmt | 1 Prise Himalaya Salz

Zubereitung:

Alle Zutaten in den Mixer oder Smoothie Maker geben und zu einem cremigen Drink mixen. In ein Glas füllen und wenn möglich sofort trinken.

Auch wenn es auf den ersten Blick nicht so scheint, diese Zutaten harmonieren ganz wunderbar miteinander.

Petersilien Smoothie mit Gurke und Avokado

Kalorien: 189,2 kcal

Zutaten für eine Person:

1/4 Avokado | 100 Gramm Gurke | 2 EL Petersilie | Saft einer halben Bio Zitrone | 100 Gramm Kefir | 1 Prise Chilisalz

Zubereitung:

Alle Zutaten in den Mixer oder Smoothie Maker geben und zu einem cremigen Drink mixen. In ein Glas füllen und wenn möglich sofort trinken.

Der Smoothie ist entwässernd, harmonisierend und fördert deine Verdauung.

Smoothies zum Abnehmen

Italienischer Caprese Smoothie

Kalorien: 151,5 kcal

Zutaten für eine Person:

50 Gramm passierte Tomaten | 8 Blatt Basilikum | 100 ml Büffel Milch | 1 Prise Pfeffer | 1/2 TL Balsamico Essig dunkel

Zubereitung:

Alle Zutaten in den Mixer oder Smoothie Maker geben und zu einem cremigen Drink mixen. In ein Glas füllen und wenn möglich sofort trinken.

Wenn du italienischen Mozzarella Salat magst, dann wirst du diesen gesunden Smoothie garantiert lieben.

Smoothie mit Traube, Apfel und Möhre

Kalorien: 61,3 kcal

Zutaten für eine Person:

40 Gramm Weintrauben | 1/2 Apfel ohne Kerngehäuse | 30 Gramm Möhre fein geraspelt | 130 ml Ingwer Tee | Süßstoff nach Bedarf

Zubereitung:

Alle Zutaten in den Mixer oder Smoothie Maker geben und zu einem cremigen Drink mixen. In ein Glas füllen und wenn möglich sofort trinken.

Dieser Smoothie verleiht dir den extra Kick und eignet sich gut zum Mineralien-Ausgleich nach dem Sport.

Smoothie mit Auberginen und Ziegenkäse

Kalorien: 198,2 kcal

Zutaten für eine Person:

60 Gramm Auberginen | 30 Gramm Ziegenkäse | 1 kleine Knoblauchzehe | 1 TL Ahornsirup | 100 ml Ziegenmilch fettarm | 1 Prise Meersalz

Zubereitung:

Die Aubergine auf einem Backblech für 10 Minuten bei 200° Celsius im Ofen rösten. Danach alle Zutaten in den Mixer oder Smoothie Maker geben und zu einem cremigen Drink mixen. In ein Glas füllen und wenn möglich sofort trinken.

Dieser Smoothie ist besonders cremig und der ideale Ersatz für ein Abendessen.

Kichererbsen Smoothie

Kalorien: 109,9 kcal

Zutaten für eine Person:

50 Gramm Kichererbsen aus der Dose | 1 TL Honig | Saft einer halben Bio Zitrone | 120 ml Zitronengras Tee | 2 EL Frischkäse | 1 Prise Pfeffer schwarz

Zubereitung:

Alle Zutaten in den Mixer oder Smoothie Maker geben und zu einem cremigen Drink mixen. In ein Glas füllen und wenn möglich sofort trinken.

Wenn du arabischen Humus magst, dann schmeckt dir sicher dieser Smoothie ganz ausgezeichnet.

Smoothies zum Abnehmen

Smoothie mit Gurken, Knoblauch und Chili

Kalorien: 56,5 kcal

Zutaten für eine Person:

100 Gramm Gurken | 1 kleine Knoblauchzehe | 1 Chili rot | 2 Stängel Kerbel | 100 ml Buttermilch | Meersalz nach Bedarf

Zubereitung:

Alle Zutaten in den Mixer oder Smoothie Maker geben und zu einem cremigen Drink mixen. In ein Glas füllen und wenn möglich sofort trinken.

Dieser pikante Smoothie ist gesund, schmackhaft und kurbelt den Stoffwechsel an. Der Gurken-Knoblauch-Chili Smoothie ist eine toller Drink für abends.

Apfelessig Smoothie

Kalorien: 223,2 kcal

Zutaten für eine Person:

1/4 Zucchini | 2 EL Walnüsse | 3 EL Apfelessig ohne Zuckerzusatz | 150 ml Dickmilch entrahmt

Zubereitung:

Alle Zutaten in den Mixer oder Smoothie Maker geben und zu einem cremigen Drink mixen. In ein Glas füllen und wenn möglich sofort trinken.

Dieser Smoothie wird idealerweise morgens getrunken. Der Smoothie regt die Verdauung an und bringt den gesamten Stoffwechsel in Schwung.

Smoothies zum Abnehmen

Sauerkraut Smoothie

Kalorien: 157,1 kcal

Zutaten für eine Person:

2 EL Haferkleie | 80 ml Sauerkraut Saft | 80 Gramm Quark | 1 TL Ahornsirup | 20 Gramm Sauerkraut

Zubereitung:

Alle Zutaten in den Mixer oder Smoothie Maker geben und zu einem cremigen Drink mixen. In ein Glas füllen und wenn möglich sofort trinken.

Sauerkraut ist perfekt um zu entschlacken. Mit diesem aromatischen Kraut purzeln die Pfunde im Nu.

Kimchi Smoothie

Kalorie: 146,9 kcal

Zutaten für eine Person:

20 Gramm Kimchi | 1/2 Mango | 1 TL Cashew Nüsse | 100 Gramm Kefir

Zubereitung:

Alle Zutaten in den Mixer oder Smoothie Maker geben und zu einem cremigen Drink mixen. In ein Glas füllen und wenn möglich sofort trinken.

Ähnlich wie Sauerkraut ist auch Kimchi eine Wunderwaffe gegen überflüssige Pfunde. Zudem schützt der asiatische, vergorene Mix das Immunsystem und die Zellen.

Smoothies zum Abnehmen

Spinat Smoothie mit Grünkohl und Apfel

Kalorien: 52,7 kcal

Zutaten für eine Person:

10 Gramm Baby-Blattspinat | 20 Gramm Grünkohl | 1/4 Apfel ohne Kerngehäuse | 100 ml Apfel Tee | 1 TL Honig | 1 EL Apfelessig

Zubereitung:

Alle Zutaten in den Mixer oder Smoothie Maker geben und zu einem cremigen Drink mixen. In ein Glas füllen und wenn möglich sofort trinken.

Auch dieser Smoothie ist aus der Kategorie grüne Smoothies und besonders schmackhaft.

Smoothie mit Cassis und Ananas

Kalorien: 115,6 kcal

Zutaten für eine Person:

40 Gramm Cassis | 60 Gramm Ananas | 50 Gramm Joghurt | 80 ml Buttermilch | 1 Prise Kardamom gemahlen | 1 Spritzer Limettensaft | Süßstoff nach Bedarf

Zubereitung:

Alle Zutaten in den Mixer oder Smoothie Maker geben und zu einem cremigen Drink mixen. In ein Glas füllen und wenn möglich sofort trinken.

Dieser Smoothie ist besonders fruchtig, kalorienarm und punktet mit vielen Vitaminen und Spurenelementen.

Smoothies zum Abnehmen

Smoothie mit Senna, Ingwer und Papaya

Kalorien: 46,4 kcal

Zutaten für eine Person:

100 Gramm Papaya | 1/2 cm Ingwerwurzel geschält | 120 ml Senna Tee | 1 Spritzer Limettensaft | Süßstoff nach Bedarf

Zubereitung:

Alle Zutaten in den Mixer oder Smoothie Maker geben und zu einem cremigen Drink mixen. In ein Glas füllen und wenn möglich sofort trinken.

Dieser Smoothie ist eine wahre Wunderwaffe zum Entschlacken und Entgiften.

Vanille Smoothie mit Himbeeren und grünem Pfeffer

Kalorien: 201,5 kcal

Zutaten für eine Person:

100 Gramm Himbeeren | 1 Messerspitze Vanillemark oder etwas Vanille Aroma | 3 grüne, eingelegte Pfefferkörner | 1/2 TL Honig | 100 Gramm Quark mit 40% Fett

Zubereitung:

Alle Zutaten in den Mixer oder Smoothie Maker geben und zu einem cremigen Drink mixen. In ein Glas füllen und wenn möglich sofort trinken.

Dieser Smoothie punktet mit seinen unterschiedlichen Aromen und den gesunden Inhaltsstoffen.

Smoothies zum Abnehmen

Smoothie mit Gänseblümchen, Kapuzinerkresse und Banane

Kalorien: 108,2 kcal

Zutaten für eine Person:

1 EL Gänseblümchen Blüten | 2 EL Blätter der Kapuzinerkresse gehackt | 1 kleine Banane | 120 ml Dickmilch entrahmt | 1 Prise Salz | 1 Spritzer Zitronensaft

Zubereitung:

Alle Zutaten in den Mixer oder Smoothie Maker geben und zu einem cremigen Drink mixen. In ein Glas füllen und wenn möglich sofort trinken.

Dieser Smoothie aus Mutter Natur schützt die Zellen des Körpers und hilft beim Entschlacken und Entgiften.

Rosella Smoothie mit Brennnessel und Holunderblüten

Kalorien: 89,5 kcal

Zutaten für eine Person:

6 frische Brennnessel Blätter | 1 EL Holunder Blüten | 100 ml Rosella Tee | 1 Orange kernlos filetiert | 2 EL Haferkleie | Süßstoff nach Bedarf

Zubereitung:

Alle Zutaten in den Mixer oder Smoothie Maker geben und zu einem cremigen Drink mixen. In ein Glas füllen und wenn möglich sofort trinken.

Dieser Smoothie ist wunderbar entwässernd und schmeckt durch die Rosella wunderbar fruchtig.

Smoothies zum Abnehmen

Smoothie mit Chrysanthemen Tee und Melone

Kalorien: 106 kcal

Zutaten für eine Person:

50 Gramm Honigmelone | 150 Gramm Wassermelone kernlos | 100 ml Chrysanthemen Tee | 3 Rosmarin Nadeln | 1 TL Ahornsirup

Zubereitung:

Alle Zutaten in den Mixer oder Smoothie Maker geben und zu einem cremigen Drink mixen. In ein Glas füllen und wenn möglich sofort trinken.

Chrysanthemen haben eine entgiftende Wirkung und stärken zudem die Abwehrkräfte des Körpers.

Pu Err Tee Smoothie mit Safran und Ingwer

Kalorien: 91,1 kcal

Zutaten für eine Person:

1 Banane | 1 Messerspitze Ingwer frisch gerieben | 1 Safran Faden | 100 ml Pu Err Tee | 1 Prise Himalaya Salz

Zubereitung:

Alle Zutaten in den Mixer oder Smoothie Maker geben und zu einem cremigen Drink mixen. In ein Glas füllen und wenn möglich sofort trinken.

Der perfekte Smoothie für Entschlackungs-Tage.

Smoothie mit Rosmarin, Minze und Brombeeren

Kalorien: 70,4 kcal

Smoothies zum Abnehmen

Zutaten für eine Person:

100 Gramm Brombeeren | 3 Rosmarin Nadeln | 8 Minzblätter | 100 Gramm Ayran | Süßstoff nach Bedarf

Zubereitung:

Alle Zutaten in den Mixer oder Smoothie Maker geben und zu einem cremigen Drink mixen. In ein Glas füllen und wenn möglich sofort trinken.

Die ätherischen Öle der Kräuter vertreiben Heißhunger und sorgen für ein besonderes Geschmackserlebnis.

Smoothie mit Zitrusfrüchten

Kalorien: 93,5 kcal

Zutaten für eine Person:

1 Blutorange kernlos filetiert | 3 Filets einer kernlosen Grapefruit | Saft einer halben Bio Limette | 80 ml Orangensaft frisch gepresst oder ohne Zuckerzusatz | 1 Zweig Thymian | Süßstoff nach Bedarf

Zubereitung:

Alle Zutaten in den Mixer oder Smoothie Maker geben und zu einem cremigen Drink mixen. In ein Glas füllen und wenn möglich sofort trinken.

Dieser Smoothie entschlackt und entgiftet und hilft, wenn der Körper übersäuert ist.

Besonders verführerische Dessert Smoothies

Diese Smoothies sollten als ganz besondere Belohnung gesehen werden. Sie sind auch eine tolle Alternative zu Süßigkeiten, Kuchen und Torten.

Schokoladen Smoothie mit Aprikose

Kalorien: 121,4 kcal

Zutaten für eine Person:

4 Aprikosen ohne Kern | 1 Stängel Koriander | 1 TL Kakao doppelt entölt | 1 EL Mandeln geröstet | 100 ml Mandelmilch | Süßstoff nach Bedarf

Zubereitung:

Alle Zutaten in den Mixer oder Smoothie Maker geben und zu einem cremigen Drink mixen. In ein Glas füllen und wenn möglich sofort trinken.

Purer Eiweiß Smoothie

Kalorien: 202,2 kcal

Zutaten für eine Person:

50 Gramm Joghurt | 50 Gramm Quark | 50 ml Buttermilch | 1 Eiklar | 1 EL Honig | 20 Gramm Tofu

Zubereitung:

Alle Zutaten in den Mixer oder Smoothie Maker geben und zu einem cremigen Drink mixen. In ein Glas füllen und wenn möglich sofort trinken.

Dieser Smoothie ist eine tolle Ergänzung zum Training und unterstützt beim Muskelaufbau.

Schwarzwälder Kirsch Smoothie

Kalorien: 239,9 kcal

Zutaten für eine Person:

100 Gramm Sauerkirschen entsteint | 1 TL Kakao doppelt entölt | 100 Gramm Quark | 50 ml Sahne | 1 Spritzer Zitronensaft | Süßstoff nach Bedarf

Zubereitung:

Alle Zutaten in den Mixer oder Smoothie Maker geben und zu einem

cremigen Drink mixen. In ein Glas füllen und wenn möglich sofort trinken.

Apfelstrudel Smoothie

Kalorien: 226,6 kcal

Zutaten für eine Person:

1 Apfel ohne Kerngehäuse | 1 EL Rosinen | 1 EL Nüsse geröstet | 1 Spritzer Zitronensaft | 1 Messerspitze Zimt | 1 Prise Nelkenpulver | 100 Gramm saure Sahne | 1 Prise Himalaya Salz | einige Tropfen Rum Aroma | Süßstoff nach Bedarf

Zubereitung:

Alle Zutaten in den Mixer oder Smoothie Maker geben und zu einem cremigen Drink mixen. In ein Glas füllen und wenn möglich sofort trinken.

Ayurveda Smoothie mit Ghee

Kalorien: 176,8 kcal

Zutaten für eine Person:

3 EL Haferkleie | 100 ml Dickmilch entrahmt | 1 Messerspitze Kardamom gemahlen | 1 EL Ghee - geklärte Butter | 1 Prise Currypulver gelb | 1 Prise Nelkenpulver | 1 TL Honig

Zubereitung:

Alle Zutaten in den Mixer oder Smoothie Maker geben und zu einem cremigen Drink mixen. In ein Glas füllen und wenn möglich sofort trinken.

Smoothies zum Abnehmen

Masala Mango Smoothie

Kalorien: 71,7 kcal

Zutaten für eine Person:

1 Mango | 1 Prise Zimt | 1 Prise Anis gemahlen | 130 ml Chai Latte Tee | 1 EL Sahne | Süßstoff nach Bedarf

Zubereitung:

Alle Zutaten in den Mixer oder Smoothie Maker geben und zu einem cremigen Drink mixen. In ein Glas füllen und wenn möglich sofort trinken.

Preiselbeer Smoothie mit Schoko und Chili

Kalorien: 84,9 kcal

Zutaten für eine Person:

100 Gramm Preiselbeeren | 1 Chili rot | 1 TL Kakao doppelt entölt | 1 EL Weizenkleie | 100 ml Rosella Tee | 2 EL Quark | 1 kleine Prise Meersalz | Süßstoff nach Bedarf

Zubereitung:

Alle Zutaten in den Mixer oder Smoothie Maker geben und zu einem cremigen Drink mixen. In ein Glas füllen und wenn möglich sofort trinken.

Amaretto Smoothie

Kalorien: 261,2 kcal

Zutaten für eine Person:

30 Gramm Mandeln geröstet | 100 ml Mandelmilch | 1/2 Banane | 3

Tropfen Bittermandel Aroma | Süßstoff nach Bedarf

Zubereitung:

Alle Zutaten in den Mixer oder Smoothie Maker geben und zu einem cremigen Drink mixen. In ein Glas füllen und wenn möglich sofort trinken.

Smoothie mit Cashew Nüssen

Kalorien: 274,6 kcal

Zutaten für eine Person:

30 Gramm Cashew Nüsse geröstet | 1 Prise Himalaya Salz | 100 Gramm Joghurt | 1 TL Ahornsirup | 1 EL Haferkleie

Zubereitung:

Alle Zutaten in den Mixer oder Smoothie Maker geben und zu einem cremigen Drink mixen. In ein Glas füllen und wenn möglich sofort trinken.

Cheesecake Smoothie

Kalorien: 126,6 kcal

Zutaten für eine Person:

50 Gramm Frischkäse | 80 Gramm Quark | Mark einer halben Vanilleschote oder etwas Vanille Aroma | Saft und Abrieb einer halben Bio Zitrone | 1 EL Haferflocken geröstet | Süßstoff nach Bedarf

Zubereitung:

Alle Zutaten in den Mixer oder Smoothie Maker geben und zu einem cremigen Drink mixen. In ein Glas füllen und wenn möglich sofort trinken.

Smoothies zum Abnehmen

Schokoladen Smoothie mit Erdbeeren

Kalorien: 147,6 kcal

Zutaten für eine Person:

50 Gramm Erdbeeren | 1 TL Kakao doppelt entölt | 2 EL Creme Fraiche | 100 Gramm Joghurt | 1 Prise Himalaya Steinsalz | 5 Blätter Schokoladen-Minze | Süßstoff nach Bedarf

Zubereitung:

Alle Zutaten in den Mixer oder Smoothie Maker geben und zu einem cremigen Drink mixen. In ein Glas füllen und wenn möglich sofort trinken.

Smoothie mit Kokos und Zimt

Kalorien: 302,9 kcal

Zutaten für eine Person:

3 EL Kokosraspeln dunkel geröstet | 1 Messerspitze Zimt | 80 ml Kokoswasser | 30 ml Kokosmilch | etwas Abrieb einer Bio Limette | 30 Gramm Ananas | Süßstoff nach Bedarf

Zubereitung:

Alle Zutaten in den Mixer oder Smoothie Maker geben und zu einem cremigen Drink mixen. In ein Glas füllen und wenn möglich sofort trinken.

Kaffee Smoothie mit Kirschen

Kalorien: 240,5 kcal

Zutaten für eine Person:

50 ml Espresso | 50 Gramm Kirschen entsteint | 80 Gramm saure Sahne | 2 EL geröstete Mandeln | 1 Prise Zimt | Süßstoff nach Bedarf

Zubereitung:

Alle Zutaten in den Mixer oder Smoothie Maker geben und zu einem cremigen Drink mixen. In ein Glas füllen und wenn möglich sofort trinken.

Haselnuss Smoothie a la Nutella

Kalorien: 403,5 kcal

Zutaten für eine Person:

30 Gramm Haselnüsse | 1 EL Kakao doppelt entölt | 3 EL Creme Fraiche | 1 EL Agavendicksaft | etwas Vanille Aroma | 1/2 Banane | 80 Gramm griechischer Joghurt

Zubereitung:

Alle Zutaten in den Mixer oder Smoothie Maker geben und zu einem cremigen Drink mixen. In ein Glas füllen und wenn möglich sofort trinken.

Goldene Milch Smoothie

Kalorien: 108,7 kcal

Zutaten für eine Person:

1 EL Kurkuma frisch gerieben | 1 EL Ghee | 100 ml Mandelmilch | 1/2 Banane | 1 Prise Zimt | 1 Prise Muskat gemahlen | Süßstoff nach Bedarf

Zubereitung:

Smoothies zum Abnehmen

Detox Eiweiß Smoothie - der Stoffwechsel Booster

Kalorien: 37,6 kcal

Zutaten für eine Person:

100 Gramm Gurke | 1/2 Bund Koriander | 1 Limette kernlos filetiert | 100 ml grüner Tee | 1/2 cm Ingwer geschält frisch | 1 Eiklar | 2 EL Joghurt | Süßstoff nach Bedarf

Zubereitung:

Alle Zutaten in den Mixer oder Smoothie Maker geben und zu einem cremigen Drink mixen. In ein Glas füllen und wenn möglich sofort trinken.

Diesen Smoothie kannst du als Wunderwaffe einsetzen, wenn sich auf der Waage so gar nichts ändern will. Dieser Smoothie kurbelt deinen Stoffwechsel an und gilt als Schlank-im-Schlaf Wunder.

BONUS - 14 Tage Diät mit Smoothies und leckeren Menüvorschlägen

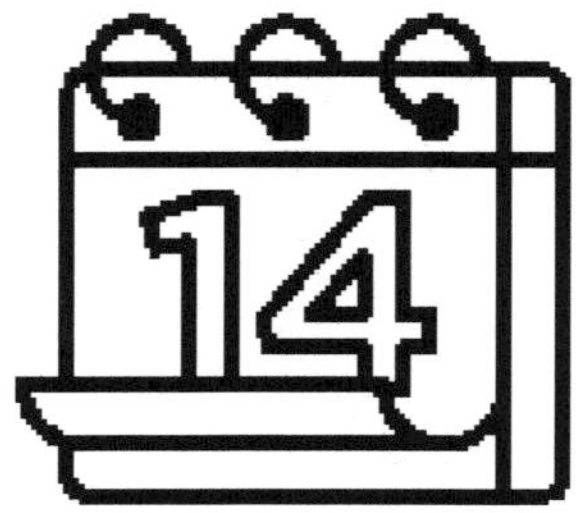

1. Tag:

Frühstück:

Himbeer-Limetten Smoothie

Mittagessen:

Gebratenes Hühnchen mit grünem Salat

Kalorien: 247,1 kcal

Zutaten für eine Person:

130 Gramm Hühnerbrust ohne Haut | 1 TL Cajun Gewürz | 2 EL Joghurt | 30 Gramm Kopfsalat | 1 EL Olivenöl | 2 EL Apfelessig | 3 EL Wasser | 1 Prise Meersalz | 1 Spritzer Süßstoff

Das Joghurt mit dem Cajun Gewürz verrühren und das Hühnchen damit marinieren. In eine Auflaufform geben und im Backrohr bei 170° Celsius für etwa 20 Minuten garen. Aus dem Apfelessig, dem Olivenöl, Wasser, Salz und Süßstoff ein Dressing rühren. Den Kopfsalat waschen und in mundgerechte Stücke zupfen, mit dem

Dressing marinieren und zusammen mit dem Hühnchen essen.

Abendessen:

Detox Eiweiß Smoothie

2. Tag:

Frühstück:

2 Scheiben Eiweißbrot mit Käse

Kalorien: 268,4 kcal

Mittagessen:

Kürbis Smoothie

Abendessen:

Bunter Salatteller mit gebratenen Garnelen

Kalorien: 286,2 kcal

Zutaten für eine Person:

100 Gramm Garnelen geputzt und ohne Schale | 1 EL Butter | 2 Knoblauchzehen fein gehackt | 1 Spritzer Limettensaft | 1 EL Petersilie gehackt | 2 Tomaten | 1/4 Paprika gelb | 1/4 Paprika rot | 1/4 Salatgurke | 20 Gramm Ruccola Salat | 1 EL Olivenöl | 2 EL Balsamico Essig | Salz und Pfeffer

Zubereitung:

Tomaten, Paprika und Gurke klein schneiden und mit dem Ruccola Salat vermengen. Aus dem Olivenöl, dem Balsamico Essig, Salz und Pfeffer ein Dressing rühren und den Salat damit marinieren. Den Salat auf einem Teller anrichten. Die Garnelen in Butter für etwa 3 Minuten zusammen mit dem Knoblauch braten. Mit dem Zitronensaft würzen und mit der Petersilie verfeinern. Auf dem Salat anrichten und genießen.

3. Tag:

Frühstück:

Smoothie mit Maracuja, Kurkuma und Zucchini

Mittagessen:

Gemüseplatte mit Spiegelei

Kalorien: 401,6 kcal

Zutaten für eine Person:

150 Gramm Kaisergemüse TK | 2 EL Butter | 3 EL Mandelblättchen | 1 Ei | Salz | Pfeffer

Zubereitung:

Das Kaisergemüse in Salzwasser kochen. Die Mandelblättchen in der Butter anrüsten. Das Gemüse abseihen und kurz abschrecken und mit den Mandeln vermengen. Leicht mit Salz und Pfeffer würzen. In einer beschichteten Pfanne ohne Fett ein Spiegelei braten. Das Ei auf dem Gemüse anrichten und genießen.

Abendessen:

Grüner Smoothie nach Wahl

4. Tag:

Frühstück:

Gebratener Speck mit Rührei

Kalorien: 276,7 kcal

Zutaten für eine Person:

3 Scheiben Bacon | 2 Eier | 2 EL Joghurt | 1 EL Schnittlauch in Röllchen | 1 Messerspitze Cayenne Pfeffer | etwas Kräutersalz nach Bedarf

Zubereitung:

Die Eier mit dem Joghurt verquirlen und mit dem Cayenne Pfeffer würzen. In einer beschichteten Pfanne zu einem Rührei verarbeiten. Den Bacon ebenfalls in einer beschichteten Pfanne knusprig braten und zusammen mit dem Rührei anrichten. Mit dem Schnittlauch bestreuen und eventuell mit etwas Kräutersalz abschmecken.

Mittagessen:

Rote Bete Smoothie mit Mandarinen

Abendessen:

Eiweiß Smoothie und ein gebratenes Putensteak

5. Tag:

Frühstück:

Apfelessig Smoothie

Mittagessen:

Beefsteak mit Rosenkohl

Kalorie: 278,3 kcal

Zutaten für eine Person:

150 Gramm Rinderfilet Steak | Meersalz | Steak Pfeffer | 60 Gramm Rosenkohl | 1 EL Butterschmalz

Zubereitung:

Das Fleisch salzen und pfeffern und in einer Grillpfanne von beiden Seiten für etwa 2 Minuten braten. Den Rosenkohl in Salzwasser garen, abseihen und kurz abschmecken. Danach im Butterschmalz schwenken und zusammen mit dem Steak servieren. Wer es etwas besser durchgebraten möchte, brät das Fleisch für 3 Minuten pro Seite an.

Zubereitung:

Abendessen:

Zitrusfrucht Smoothie

6. Tag:

Frühstück:

Hirsebrei mit Zimt

Kalorien: 266 kcal

Zutaten für eine Person:

50 Gramm Hirse | 200 ml Sojamilch | 1/2 TL Honig | 1 Messerspitze Zimt | 1 Prise Himalaya Salz

Zubereitung:

Die Hirse kurz in einer beschichteten Pfanne anrösten bis sie leicht poppt. Die Sojamilch mit dem Honig, Zimt und Salz verrühren und aufkochen lassen. Die Hirse einrühren, einmal aufkochen lassen und bei niedriger Hitze unter ständigem Rühren quellen lassen bis ein schlatziger Brei entsteht.

Mittagessen:

Masala Mango Smoothie

Abendessen:

Kokossuppe mit Hühnchen oder Garnelen

Kalorien: 423,1 kcal

Zutaten für eine Person:

80 Gramm Hühnerbrust oder 6 Garnelen geputzt und ohne Schale | 100 ml Brühe | 100 ml Kokosmilch | 2 Limetten Blätter | 1/2 Stange Zitronengras | 3 Scheiben Ingwer frisch | 1 Spritzer Süßstoff | 1 Chili rot | 1 Spritzer Limettensaft | Sojasauce | Fischsauce

Zubereitung:

Die Brühe mit den Limettenblättern, dem Zitronengras, dem Ingwer und der fein gehackten Chili aufkochen lassen und anschließend die Kokosmilch einrühren. Hühnchen oder Garnelen klein schneiden und in die Suppe geben. Für etwa 7 Minuten garen. Mit Limettensaft, Süßstoff, Sojasauce und Fischsauce abschmecken.

7. Tag:

Frühstück:

Ham and eggs

Kalorien: 275,5 kcal

Zutaten für eine Person:

4 Scheiben Putenschinken | 2 Eier | Kräutersalz | Pfeffer aus der Mühle | 1 EL Petersilie gehackt | 1 TL Butter zum Braten

Zubereitung:

Den Schinken in der Butter auf einer Seite kurz anbraten, wenden und die Eier darauf schlagen. Zu Spiegeleiern braten, mit Kräutersalz und Pfeffer aus der Mühle würzen, mit Petersilie bestreuen und das deftige Frühstück genießen.

Mittagessen:

Smoothie mit Ananas, Banane, Orange und Ingwer

Abendessen:

Chili Vanilli Smoothie mit Beeren

8. Tag:

Frühstück:

Sauerkraut Smoothie

Mittagessen:

Frittata mit Spinat und Ziegenkäse

Kalorien: 349,5 kcal

Zutaten für eine Person:

2 Eier | 80 ml Ziegenmilch | 40 Gramm Ziegenkäse | 20 Gramm Baby-Blattspinat | 1 Messerspitze Ingwer gemahlen oder frisch gerieben | 1 Schalotte | etwas Himalaya Salz | Pfeffer geschrotet | 1 Prise Muskat gemahlen | Knoblauch Granulat | 1 EL Kerbel gehackt

Zubereitung:

Den Ziegenkäse grob schneiden und zusammen mit den restlichen

Zutaten gut verrühren. Die Masse in eine kleine Auflaufform füllen und im auf 200° Celsius vorgeheizten Backrohr für 15 bis 20 Minuten backen.

Abendessen:

Smoothie mit Senna, Ingwer und Papaya

9. Tag:

Frühstück:

Früchtemüsli mit Joghurt und Nüssen

Kalorien: 308,4 kcal

Zutaten für eine Person:

200 Gramm Joghurt | 1 EL Früchtemüsli | 4 Erdbeeren | 2 EL Nüsse gehackt | 1 Spritzer Zitronensaft | Süßstoff nach Bedarf

Zubereitung:

Die Erdbeeren klein schneiden und mit den restlichen Zutaten vermengen. Für etwa 15 Minuten quellen lassen und zum Frühstück genießen.

Mittagessen:

Caprese Smoothie

Abendessen:

Gefüllte Tomaten mit Käse überbacken

Kalorien: 132,2 kcal

Zutaten für eine Person:

2 mittelgroße Tomaten | 2 EL Soja Granulat | 5 EL Wasser | 1 Prise Himalaya Salz | Pfeffer | 1/2 Oregano | 2 EL Gouda fein gerieben

Zubereitung:

Die Tomaten am Deckel aufschneiden und vorsichtig mit einem Löffel aushöhlen. Das Fruchtfleisch mit dem Granulat und dem Wasser vermengen und kurz aufkochen lassen. Mit Salz, Pfeffer und Oregano abschmecken und die Tomaten damit befüllen. Mit dem Käse bestreuen und auf ein mit Backpapier belegtes Blech legen. Im Ofen für 12 Minuten bei 180° Celsius backen.

10. Tag:

Frühstück:

Kaffee Smoothie

Mittagessen:

Gefüllte Eier auf buntem Blattsalat

Kalorien: 221,4 kcal

Zutaten für eine Person:

10 Gramm Eisbergsalat | 10 Gramm Radicchio Salat | 10 Gramm Feldsalat | 1 EL Olivenöl | 2 EL Balsamico Essig weiß | Kräutersalz | Pfeffer aus der Mühle | 2 Eier | 1 TL Basilikum gehackt | 1 Messerspitze Senf scharf | 1 EL Gurke klein gewürfelt | 1 EL Sauerrahm

Zubereitung:

Den Salat mit einem Dressing aus Olivenöl, Balsamico Essig, Kräutersalz und Pfeffer marinieren und auf einem Teller anrichten. Die Eier für 8 Minuten hart kochen und mit kaltem Wasser gut abschrecken. Vorsichtig schälen und halbieren. Den Dotter herausnehmen, mit einer Gabel zerdrücken und mit Basilikum, Senf, der gewürfelten Gurke und dem Sauerrahm vermengen. Mit Salz und Pfeffer abschmecken und mit der Masse die ausgehöhlten Eier befüllen. Auf dem Salat anrichten und servieren.

Abendessen:

Grünkohl Smoothie mit Ingwer

11. Tag:

Frühstück:

Sanddorn Smoothie

Mittagessen:

Gebratenes Fischfilet mit Ratatouille Gemüse

Kalorien: 359 kcal

Zutaten für eine Person:

130 Gramm Fischfilet | Salz | Pfeffer | etwas Zitronensaft | 1 TL Butter | 1/4 Zucchini | 1/4 Aubergine | 1/2 Paprika rot | 1/2 rote Zwiebel | etwas Oregano getrocknet | etwas Basilikum getrocknet | 100 Gramm passierte Tomaten | 1 EL Olivenöl

Zubereitung:

Den Fisch salzen, pfeffern und mit Zitronensaft beträufeln. In der Butter für etwa 2 Minuten pro Seite glasig anbraten. Das Gemüse in gleichgroße, mundgerechte Stücke schneiden und im Olivenöl anbraten. Mit den passierten Tomaten aufgießen und einmal aufkochen lassen. Mit Oregano und Basilikum aromatisieren und zusammen mit dem Fisch anrichten. Bei Bedarf das Ratatouille mit etwas Süßstoff abschmecken.

Abendessen:

Kokos Smoothie

12. Tag:

Frühstück:

Goji Beeren Smoothie

Mittagessen:

Lammeintopf mit Paprika und Schalotten

Kalorien: 410,1 kcal

Zutaten für eine Person:

150 Gramm Lammrücken | 3 Schalotten | 3 Knoblauchzehen | 1 EL Olivenöl | 1 Zweig Rosmarin | 2 Zweige Thymian | 1/2 Paprika gelb | 1/2 Paprika rot | 1 EL Tomatenmark ohne Zuckerzusatz | 250 ml Gemüsebrühe | Salz | Pfeffer | etwas Kümmel gemahlen | etwas gehackte Minze und etwas Abrieb einer Bio Orange zum Bestreuen

Zubereitung:

Das Fleisch und das Gemüse klein schneiden und zusammen im Olivenöl anbraten. Das Tomatenmark hinzufügen und ebenfalls kurz mitrösten. Mit der Brühe das Fleisch und das Gemüse aufgießen und mit Salz, Pfeffer und den Kräutern sowie dem Kümmel würzen. Für 40 Minuten bei mittlerer Hitze köcheln lassen und vor dem Servieren großzügig mit Minze und dem Abrieb der Bio Orange bestreuen.

Abendessen:

Goldene Milch Smoothie

13. Tag:

Frühstück:

Eierflan mit Schinken

Kalorien: 515,8 kcal

Zutaten für eine Person:

60 Gramm Schinken von der Pute | 1/2 Tomate | 100 ml Sahne | 50 ml fettarme Brühe | 2 Eier | 1/2 TL Majoran gerebelt | Salz | Pfeffer

Zubereitung:

Schinken und Tomaten klein würfeln. Die Eier mit der Sahne und der fettarmen Brühe verquirlen und mit Salz, Pfeffer und Majoran würzen. Schinken und Tomaten einrühren und in eine kleine Auflaufform füllen. Diese in eine große mit Wasser gefüllte Auflaufform stellen und im Ofen bei 180° Celsius für 30 Minuten garen.

Mittagessen:

Kleiner gemischte Salat und Schokoladen Smoothie

Kalorien: ca 209,3 kcal

Aus Blattsalaten, 1/4 Möhre, Tomaten, Paprika, Essig und Öl einen kleinen Salat zaubern

Abendessen:

Straussen-Steak mit geröstetem Gemüse

Kalorien: 277,4 kcal

Zutaten für eine Person:

150 Gramm Steak vom Strauss | 2 Knoblauchzehen fein gehackt | 5 Rosmarin Nadeln | 1 Chili rot | 1 TL Olivenöl | 1/2 rote Zwiebel | 1/2 Paprika gelb | 1/2 kleine Zucchini | 1 TL Butter | Salz | Pfeffer | etwas Oregano | 1 Spritzer Zitronensaft

Zubereitung:

Den Knoblauch zusammen mit dem Rosmarin, der Chili und dem Olivenöl im Mörser oder mit dem Pürierstab zu einer feinen Paste mixen. Das Fleisch von beiden Seiten gut damit bestreichen. Das Fleisch in einer Grillpfanne von beiden Seiten für je 4 Minuten braten. Das Gemüse in gleichgroße, mundgerechte Stücke schneiden und im Butter knusprig anbraten. Mit Zitronensaft und Oregano würzen, mit Salz und Pfeffer abschmecken und zusammen mit dem Steak servieren.

14. Tag:

Frühstück:

Macha Tee Smoothie

Mittagessen:

Gefülltes Putenschnitzel mit Ziegenkäse und Tomaten

Kalorien: 330,3 kcal

Zutaten für eine Person:

130 Gramm Putenschnitzel | 2 EL Ziegen-Frischkäse | 2 getrocknete Tomaten ohne Öl | Thymian gerebelt | Abrieb einer halben Bio Zitrone | Salz | Pfeffer

Zubereitung:

Das Schnitzel dünn klopfen und salzen und pfeffern. Den Frischkäse mit den klein geschnittenen Tomaten, dem Thymian und dem Abrieb der Zitrone verrühren und das Schnitzel damit bestreichen. Das Fleisch zuklappen und mit einem Zahnstocher fixieren. Das Schnitzel in einer Grillpfanne ohne Öl von beiden Seiten für je eine Minute anbraten. Nun mitsamt der Pfanne in den Ofen schieben und bei 170° Celsius für 8 Minuten fertig garen.

Abendessen:

Avokado Smoothie

Auch nach dieser Diät kannst du jeden Tag mindestens eine Mahlzeit durch einen leckeren Smoothie ersetzen. Wir wünschen dir viel Spaß beim Abnehmen und Entschlacken und gutes Gelingen und viel Freude beim Experimentieren.

Persönliche Rezeptkreationen bzw. Anmerkungen:

Persönliche Rezepkreationen bzw. Anmerkungen:

Persönliche Rezepkreationen bzw. Anmerkungen:

Impressum:

Auflage (Erstauflage 2018)

Umschlaggestaltung, Illustration:

ILM Beratungs und Vertriebs Ltd.

Lektorat, Korrektorat: *ILM Beratungs und Vertriebs Ltd.*

Kontakt: bksl@gmx.at

Taschenbuch

KDN-ISBN: 9781980571001

e-book

ASIN:

Risiko-Hinweis und Haftung

Empfehlungen, Charts und Tabellen für verlässlich, jedoch können wir keine Garantie für Richtigkeit und Aktualität übernehmen. Die Inhalte in diesem Werk sind nach bestem

Gewissen verfasst, wir halten unsere Quellen für verlässlich, aber auch hier können wir keine Garantie auf Richtigkeit und Aktualität geben. Die Informationen geben lediglich einen Einblick in die Meinung der Verfasser.

Haftungsausschluss

Die Inhalte wurden mit größtmöglicher Sorgfalt erstellt. Der Autor übernimmt jedoch keine Gewähr für die Richtigkeit und Vollständigkeit der hier befindlichen Informationen sowie bereitgestellten Inhalte.

Urheber- und Kennzeichenrecht

Bei den Inhalten die erstellt wurden, werden die Urheberrechte Dritter beachtet. Insbesondere werden Inhalte und Rechte Dritter als solche gekennzeichnet.

Sollte der Nutzer trotzdem auf eine Urheberrechtsverletzung aufmerksam werden, bitten wir um einen entsprechenden Hinweis. Bei Bekanntwerden von Rechtsverletzungen werden wir derartige Inhalte umgehend entfernen.

Etwaige Bilder und Grafiken: Privatarchiv, Pixabay.com, shutterstock, .iconfinder.com

26855011R00063

Printed in Poland
by Amazon Fulfillment
Poland Sp. z o.o., Wrocław